Heike Pahlow

Deutsche Grammatik

einfach, kompakt und übersichtlich

Auf der Webseite zum Buch haben Sie die Möglichkeit, Übungen zu allen Grammatikthemen als PDF-Datei kostenlos herunterzuladen

www.deutsche-grammatik.info

Weitere Angebote zum Sprachenlernen finden Sie auf unserer Webseite

www.lingolia.com

Lingolía
EINFACH BESSER IN SPRACHEN

Deutsche Grammatik – einfach, kompakt und übersichtlich

Bibliografische Information der Deutschen Nationalbibliothek

Die Deutsche Nationalbibliothek verzeichnet diese Publikation in der Deutschen Nationalbibliografie; detaillierte bibliografische Daten sind im Internet über dnb.d-nb.de abrufbar.

ISBN: 978-3-86268-012-2

Autor:	Heike Pahlow	
Gestaltung:	Mario Müller	www.lingo4u.de
Lektorat:	Tina Hinterthür	www.individuwort.de
Illustrationen:	Stefanie Czapla	www.creature-feature.com
Titelfoto:	Oleksii Sagitov	Fotolia.com

Printed in Germany (EU)

www.engelsdorfer-verlag.de

Inhalt

3 Pronomen

4 Adjektive

5 Adverbien

6 Präpositionen

7 Satzbau

Übersichten

Anhang

Vorwort

Dieses Buch richtet sich in erster Linie an muttersprachliche Schüler bis zur 10. Klasse und deren Eltern sowie an Lernende von Deutsch als Fremdsprache.

Die Grammatik ist kurz und unkompliziert erklärt, ohne jedoch wichtige Details auszulassen. Mit Hinweisen auf Umgangssprache und Schriftsprache wird verdeutlicht, warum bestimmte Formulierungen aus dem alltäglichen Sprachgebrauch in geschriebenen Texten nicht verwendet werden sollten.

Auf komplizierte Fachausdrücke wurde weitgehend verzichtet, auch wenn es nicht ganz ohne geht – als Bezeichnung grammatischer Begriffe werden bestimmte Fachwörter schließlich auch im Unterricht vorausgesetzt. Alle in diesem Buch vorkommenden Fachwörter sind aber im Glossar am Ende des Buches erklärt und mit Beispielen versehen, sodass ihre Bedeutung schnell erschlossen werden kann.

Aufgrund unterschiedlicher Ansichten von Sprachwissenschaftlern ist eine eindeutige Zuordnung bestimmter Grammatikthemen nicht möglich. So werden beispielsweise die adverbialen Adjektive je nach Autor den Adjektiven oder den Adverbien zugeordnet. In diesem Buch stehen sie, wie es in der Schule normalerweise üblich ist, bei den Adjektiven. Es gibt aber nur wenige solcher Zuordnungsprobleme und im Zweifelsfall hilft ein Blick ins Stichwortverzeichnis, um das entsprechende Thema zu finden.

Mit klaren Regeln und illustrierten Beispielsätzen dient dieses Buch als zuverlässiges Nachschlagewerk und kann vielleicht sogar davon überzeugen, dass die deutsche Grammatik gar nicht so kompliziert ist.

Leipzig, August 2010

Heike Pahlow

1 Verben

Allgemeines

Auf den folgenden Seiten geben wir einen kurzen Überblick über einige wichtige Ausdrücke, die in Verbindung mit Verben häufig auftauchen.

Handlungs-, Vorgangs-, Zustandsverben

Verben können eine Handlung, einen Vorgang oder einen Zustand ausdrücken.

» **Handlungsverben** beschreiben eine aktiv/bewusst ausgeführte Handlung.

Beispiel: Sie kämpfen. Wir lernen Deutsch. Er schreibt einen Brief.

» **Vorgangsverben** beschreiben einen Ablauf, der nicht bewusst von jemandem/etwas ausgeführt wird.

Beispiel: Es regnet. Er schläft. Der Baum wächst.

» **Zustandsverben** beschreiben einen Zustand, also etwas Statisches.

Beispiel: Hamburg liegt an der Elbe. Die Jungen ähneln sich.

Transitive und intransitive Verben

Transitive Verben sind alle Verben mit einem *Akkusativobjekt*. Im Wörterbuch steht bei diesen Verben der Zusatz *vt* oder *trans*. Transitive Verben können das Passiv bilden – das Akkusativobjekt wird dann zum Subjekt.

Beispiel: Er deckt *den Tisch*. – Der Tisch wird gedeckt.

Intransitive Verben sind alle Verben, die wir ohne Akkusativobjekt verwenden. Im Wörterbuch steht bei diesen Verben meist der Zusatz *vi*. Intransitive Verben können normalerweise kein Passiv bilden.

Beispiel: Er lachte. (*nicht möglich:* ~~Er wurde gelacht.~~)

Beachte:

Einige Verben können transitiv und intransitiv sein.

Beispiel: Er ist gestern gefahren.
(kein Akkusativobjekt – Verb ist intransitiv)

Er hat *mich* nach Hause gefahren.
(mit Akkusativobjekt – Verb ist transitiv)

Finite und infinite Verben

Finite Verben sind die konjugierten Verben. Sie haben für jede Person (ich, du, er usw.) eine andere Endung.

Verwendung	Beispiel
im Präsens	ich gehe, du gehst, er geht, wir gehen, ...
im Präteritum	ich ging, du gingst, er ging, wir gingen, ...
Hilfsverben bei zusammengesetzten Zeiten und Passiv	Du hast es ihm gesagt. Er ist schon gegangen. Du wirst es verstehen. Die Tür wird/ist geöffnet.
andere Verbalkomplexe (immer nur das erste Verb)	Ich musste lachen. Ihr dürft bleiben. Er kommt uns besuchen. Ich gehe joggen.

Infinite Verben sind Verben im *Infinitiv*, *Partizip I* und *Partizip II*. Es gibt jeweils nur eine Form für alle Personen.

» Infinitiv *(Grundform)*

Verwendung	Beispiel
im Futur I/II	Du wirst es verstehen. Er wird gefahren sein.
mit Modalverben	Ich musste lachen. Ihr dürft bleiben.
andere Verbalkomplexe	Er kommt uns besuchen. Ich gehe joggen.
in Nebensätzen (mit *zu*)	Ich freue mich, dich zu sehen.

» Partizip I *(Infinitiv + d)*

Verwendung	Beispiel
anstelle eines Teilsatzes	Seinen Fans zuwinkend, stieg der Promi ins Auto. (*statt:* Der Promi winkte seinen Fans zu und stieg ins Auto.)

» Partizip II *(3. Verbform)*

Verwendung	Beispiel
im Perfekt/Plusquamperfekt	Du hast/hattest es ihm gesagt.
im Futur II	Sie werden schon gegangen sein.
im Passiv	Die Tür wird/ist geöffnet.
anstelle eines Teilsatzes	In Wien angekommen, suchte sie ein Hotel. (*statt:* Nachdem sie in Wien angekommen war, suchte sie ein Hotel.)

Schwache, starke und gemischte Verben

Schwache Verben nennen wir die regelmäßigen Verben. Bis auf ein paar Besonderheiten (siehe Zeitformen, Seite 12 ff.) werden diese Verben ganz normal konjugiert. Das Partizip II bilden die schwachen Verben normalerweise mit *ge...t*.

Beispiel: sagen – sagte – gesagt

Starke Verben nennen wir die unregelmäßigen Verben. Sie ändern in den Vergangenheitsformen den Stammvokal. Das Partizip II bilden diese Verben normalerweise mit *ge...en*. Die starken Verben sind in der Tabelle der unregelmäßigen Verben aufgelistet (siehe Seite 102).

Beispiel: singen – sang – gesungen

Gemischte Verben sind eine Mischung aus schwachen und starken Verben. Sie ändern in den Vergangenheitsformen den Stammvokal wie die starken Verben, erhalten aber die Endungen der schwachen Verben (z. B. Partizip II mit *ge...t*). Die gemischten Verben sind ebenfalls in der Tabelle der unregelmäßigen Verben aufgelistet.

Beispiel: denken – dachte – gedacht

Vollverben und Hilfsverben

Vollverben sind Verben, die eine Tätigkeit oder einen Zustand ausdrücken.

Beispiel: Sie bauen ein Haus. Hamburg liegt an der Elbe.

Hilfsverben helfen, eine zusammengesetzte Zeitform oder das Passiv zu bilden. Im Deutschen gibt es drei Hilfsverben: *haben, sein, werden*.

Beispiel: Er hat geschlafen.
Wir sind geflogen.
Ihr werdet sehen.
Das Buch wurde gedruckt.

Die Verben *haben, sein, werden* können aber auch Vollverben sein.

Beispiel: Er hat eine Katze.
Wir sind aus Deutschland.
Er wird/wurde Anwalt.

Bildung der Hilfsverben

Person	Präsens			Präteritum		
	sein	haben	werden	sein	haben	werden
ich	bin	habe	werde	war	hatte	wurde
du	bist	hast	wirst	warst	hattest	wurdest
er/sie/es/man	ist	hat	wird	war	hatte	wurde
wir	sind	haben	werden	waren	hatten	wurden
ihr	seid	habt	werdet	wart	hattet	wurdet
sie/Sie	sind	haben	werden	waren	hatten	wurden

sein oder haben im Perfekt/Plusquamperfekt

sein

Wir verwenden das Hilfsverb *sein* in Verbindung mit folgenden Verben:

» intransitive Verben, die eine Ortsänderung ausdrücken
gehen, laufen, fahren, fallen, fliegen, kommen, reisen, stürzen

Beispiel: Er ist gelaufen.

» intransitive Verben der Zustandsänderung
aufwachen, einschlafen, gefrieren, tauen, sterben, zerfallen

Beispiel: Ich bin eingeschlafen.

» weitere Verben: *bleiben, sein, werden*

Beispiel: Wir sind zu Hause geblieben.

haben

Wir verwenden das Hilfsverb *haben* in Verbindung mit folgenden Verben:

» alle transitiven Verben (Verben mit einem *Akkusativobjekt*)

Beispiel: Er hat *den Tisch* gedeckt.

» reflexive Verben

Beispiel: Ich habe mich verlaufen.

» alle intransitiven Verben, die keine Orts-/Zustandsänderung ausdrücken (vergleiche Verwendung von *sein*)

Beispiel: Max hat getanzt.

Zeitformen

Präsens

(*GEGENWART*)

Das Präsens ist die am häufigsten verwendete Zeitform im Deutschen. Wir benutzen diese Zeitform hauptsächlich, um über die Gegenwart und Zukunft zu sprechen.

Beispiel

Das ist Felix. Jeden Dienstag geht er zum Fußballtraining. Er spielt schon seit fünf Jahren Fußball.

Nächsten Sonntag um 14 Uhr hat seine Mannschaft ein wichtiges Spiel.

Verwendung

» Fakt oder Zustand in der Gegenwart
Beispiel: Das ist Felix.

» Handlung, die in der Gegenwart einmal, mehrmals oder nie stattfindet
Beispiel: Jeden Dienstag geht er zum Fußballtraining.

» Handlung, die ausdrückt, wie lange etwas schon stattfindet
Beispiel: Er spielt schon seit fünf Jahren Fußball.

» Handlung in der Zukunft, die bereits festgelegt oder vereinbart ist
Beispiel: Nächsten Sonntag hat seine Mannschaft ein wichtiges Spiel.

Bildung

Wir entfernen die Infinitivendung *en* und hängen folgende Endungen an:

Person	Endung	Beispiel
1. Person Singular *(ich)*	-e	ich lerne
2. Person Singular *(du)*	-st	du lernst
3. Person Singular *(er/sie/es/man)*	-t	er lernt
1. Person Plural *(wir)*	-en	wir lernen
2. Person Plural *(ihr)*	-t	ihr lernt
3. Person Plural/Höflichkeitsform *(sie/Sie)*	-en	sie lernen

Die Verben *sein* und *haben* sind unregelmäßig:

Person	sein	haben
1. Person Singular *(ich)*	ich bin	ich habe
2. Person Singular *(du)*	du bist	du hast
3. Person Singular *(er/sie/es/man)*	er ist	er hat
1. Person Plural *(wir)*	wir sind	wir haben
2. Person Plural *(ihr)*	ihr seid	ihr habt
3. Person Plural/Höflichkeitsform *(sie/Sie)*	sie sind	sie haben

Besonderheiten bei der Bildung

» Endet der Wortstamm auf *d/t*, steht bei Endungen auf *st* und *t* ein e vor der Endung. Dies gilt aber nicht bei Vokalwechsel. (Hier fällt bei Wortstammendung *t* in der 3. Person Singular sogar das Endungs-t weg)

Beispiel: warten – du wartest, er wartet, ihr wartet
aber: laden – du lädst, er lädt, ihr ladet (Vokalwechsel *a* zu *ä*)
halten – du hältst, er hält, ihr haltet

» Endet der Wortstamm auf *s/ß/z*, fällt das Endungs-s (2. P. Sing.) weg.

Beispiel: tanzen – du tanzt (*nicht:* ~~tanzst~~)

» Endet der Wortstamm auf *ie*, fällt das Endungs-e weg.

Beispiel: knien – ich knie, wir knien, sie knien (*nicht:* ~~kniee~~, ~~knieen~~)

» Bei einigen starken Verben ändert sich der Wortstamm.

Beispiel: lesen – ich lese, du liest, er liest, wir lesen, ihr lest, sie lesen

» Endet der Infinitiv auf *eln/ern*, fällt das Endungs-e weg; bei *eln* können wir in der 1. Person Singular außerdem das e vom Wortstamm weglassen.

Beispiel: lächeln – ich läch(e)le, wir lächeln, sie lächeln
wandern – ich wandere, wir wandern, sie wandern

Perfekt

(VOLLENDETE GEGENWART)

Mit dem Perfekt drücken wir aus, dass eine Handlung in der Vergangenheit abgeschlossen wurde. Wir verwenden das Perfekt vor allem, wenn das Ergebnis oder die Folge der Handlung im Vordergrund steht.

In der Umgangssprache nutzen wir das Perfekt häufig anstelle des Präteritums.

Beispiel

Gestern hat Michael sein Büro aufgeräumt.

Er hat sich vorgenommen, jetzt immer so ordentlich zu sein. Aber bis nächste Woche hat er das bestimmt wieder vergessen.

Verwendung

» abgeschlossene Handlung in der Vergangenheit (Meist steht das Ergebnis oder die Folge der Handlung im Vordergrund.)

Beispiel: Gestern hat Michael sein Büro aufgeräumt.
(Ergebnis: das Büro ist jetzt ordentlich)
Er hat sich vorgenommen, jetzt immer so ordentlich zu sein.
(Folge: er will nicht mehr so unordentlich sein)

» Handlung, die bis zu einem bestimmten Zeitpunkt in der Zukunft abgeschlossen sein wird (Der zukünftige Zeitpunkt muss durch eine Zeitangabe erkennbar sein, ansonsten verwenden wir Futur II.)

Beispiel: Bis nächste Woche hat er das bestimmt wieder vergessen.

Bildung

Wir brauchen die Präsens-Formen von *sein/haben*[1] und das *Partizip II*.

Person	sein		haben	
1. Person Singular *(ich)*	ich bin	gegangen	ich habe	gelesen
2. Person Singular *(du)*	du bist		du hast	
3. Person Singular *(er/sie/es/man)*	er ist		er hat	
1. Person Plural *(wir)*	wir sind		wir haben	
2. Person Plural *(ihr)*	ihr seid		ihr habt	
3. Person Plural/Höflichkeitsform *(sie/Sie)*	sie sind		sie haben	

Partizip II

schwache/gemischte Verben	starke Verben
ge...t	ge...en
gelernt	gesehen

Besonderheiten bei der Bildung

» Viele starke und gemischte Verben ändern im Partizip II den Stamm. (siehe Liste der starken und gemischten Verben, Seite 102)

Beispiel: gehen – gegangen, bringen – gebracht

» Endet der Wortstamm auf *d/t*, hängen wir bei schwachen/gemischten Verben et an.

Beispiel: warten – gewartet

» Verben mit der Endung *ieren* bilden das Partizip II ohne ge.

Beispiel: studieren – studiert

» Nicht trennbare Verben bilden das Partizip II ohne ge. (siehe trennbare und nicht trennbare Verben, Seite 28)

Beispiel: verstehen – verstanden

» Bei trennbaren Verben steht ge hinter dem Präfix. (siehe Seite 28)

Beispiel: ankommen – angekommen

---

1 zur Verwendung von *sein/haben* siehe Seite 11

Präteritum

(Imperfekt, Vergangenheit)

Das Präteritum drückt Fakten und Handlungen in der Vergangenheit aus. Diese Zeitform verwenden wir bei Erzählungen und Berichten, vor allem in der Schriftsprache.

Beispiel

Im letzten Jahr machte ich Urlaub in Deutschland.

Mit dem Fahrrad fuhr ich auf dem Elbe-Radweg von Hamburg bis Dresden. Die Strecke war fantastisch und ich hatte tolles Wetter.

Verwendung

» abgeschlossene Handlung in der Vergangenheit

Beispiel: Im letzten Jahr machte ich Urlaub in Deutschland.
Mit dem Fahrrad fuhr ich von Hamburg bis Dresden.

» Fakt oder Zustand in der Vergangenheit

Beispiel: Die Strecke war fantastisch und ich hatte tolles Wetter.

Präteritum manchmal ersetzbar durch Perfekt

In der mündlichen Alltagssprache bevorzugen wir für Handlungen in der Vergangenheit meist das Perfekt. Für Fakten und Zustände in der Vergangenheit mit *sein/haben* verwenden wir oft trotzdem das Präteritum:

Beispiel: Im letzten Jahr *habe* ich Urlaub in Deutschland *gemacht*. Mit dem Fahrrad *bin* ich auf dem Elbe-Radweg von Hamburg bis Dresden *gefahren*. Die Strecke war fantastisch und ich hatte tolles Wetter.

Bildung

Wir entfernen die Infinitivendung *en* und hängen folgende Endungen an:

Person	schwache/ gemischte Verben		starke Verben	
1. Person Singular *(ich)*	-te	ich lernte	–	ich sah
2. Person Singular *(du)*	-test	du lerntest	-st	du sahst
3. Person Singular *(er/sie/es/man)*	-te	er lernte	–	er sah
1. Person Plural *(wir)*	-ten	wir lernten	-en	wir sahen
2. Person Plural *(ihr)*	-tet	ihr lerntet	-t	ihr saht
3. Person Plural/Höflichkeitsform *(sie/Sie)*	-ten	sie lernten	-en	sie sahen

Besonders wichtig sind die Verben *sein/haben*:

Person	sein	haben
1. Person Singular *(ich)*	ich war	ich hatte
2. Person Singular *(du)*	du warst	du hattest
3. Person Singular *(er/sie/es/man)*	er war	er hatte
1. Person Plural *(wir)*	wir waren	wir hatten
2. Person Plural *(ihr)*	ihr wart	ihr hattet
3. Person Plural/Höflichkeitsform *(sie/Sie)*	sie waren	sie hatten

Besonderheiten bei der Bildung

» Viele starke/gemischte Verben ändern im Präteritum den Wortstamm. (siehe Liste der starken und gemischten Verben, Seite 102)

Beispiel: gehen – ging, bringen – brachte

» Endet der Wortstamm bei starken Verben auf *s/ß/z*, lassen wir entweder das Endungs-s weg oder wir fügen zusätzlich ein e ein.

Beispiel: lesen – las – du last/du lasest

» Endet der Wortstamm auf *d/t*, fügen wir bei Endungen, die mit *t/st* beginnen, ein e vor der Endung ein.

Beispiel: landen – ich landete, du landetest, er landete, wir landeten, …
bitten – ich bat, du batest, …, ihr batet

» Endet der Wortstamm auf *ie*, fällt das Endungs-e weg.

Beispiel: schreien – ich schrie, wir/sie schrien (*nicht:* ~~schriee~~, ~~schrieen~~)

Plusquamperfekt

(Vorvergangenheit)

Mit dem Plusquamperfekt drücken wir Handlungen aus, die zeitlich vor einem bestimmten Zeitpunkt in der Vergangenheit stattgefunden haben.

Wir verwenden das Plusquamperfekt immer dann, wenn wir bei einer Erzählung über die Vergangenheit (im Präteritum) auf etwas zurückblicken, das zuvor passierte.

Beispiel

Beim Talent-Wettbewerb spielte Luise fehlerfrei ein schwieriges Stück auf der Flöte.

Sie hatte sehr lange geübt, bevor sie das Stück so perfekt spielen konnte.

Verwendung

» Handlung vor einem bestimmten Zeitpunkt in der Vergangenheit

Beispiel: Sie hatte sehr lange geübt, bevor sie das Stück so perfekt spielen konnte.

Bildung

Wir brauchen die Präteritum-Formen von *sein/haben*[1] und das *Partizip II*.

Person	sein		haben	
1. Person Singular *(ich)*	ich war	gegangen	ich hatte	gelesen
2. Person Singular *(du)*	du warst		du hattest	
3. Person Singular *(er/sie/es/man)*	er war		er hatte	
1. Person Plural *(wir)*	wir waren		wir hatten	
2. Person Plural *(ihr)*	ihr wart		ihr hattet	
3. Person Plural/Höflichkeitsform *(sie/Sie)*	sie waren		sie hatten	

Partizip II

schwache/gemischte Verben	starke Verben
ge...t	ge...en
gelernt	gesehen

Besonderheiten bei der Bildung

» Viele starke und gemischte Verben ändern im Partizip II den Stamm. (siehe Liste der starken und gemischten Verben, Seite 102)

Beispiel: gehen – gegangen, bringen – gebracht

» Endet der Wortstamm auf *d/t*, hängen wir bei schwachen/gemischten Verben et an.

Beispiel: warten – gewartet

» Verben mit der Endung *ieren* bilden das Partizip II ohne ge.

Beispiel: studieren – studiert

1 zur Verwendung von *sein/haben* siehe Seite 11

Futur I

(Zukunft)

Das Futur I verwenden wir hauptsächlich, um eine Absicht für die Zukunft oder eine Vermutung für die Gegenwart/Zukunft zu äußern.

Beispiel

Thomas sagte mir gestern: „Morgen werde ich die Akten sortieren."

Ich sah das Chaos und antwortete: „Das wirst du nicht an einem Tag schaffen."

So wie ich ihn kenne, wird sein Büro jetzt wohl immer noch so chaotisch aussehen.

Verwendung

» Absicht für die Zukunft

Beispiel: Morgen werde ich die Akten sortieren.

» Vermutung (für die Zukunft)

Beispiel: Das wirst du nicht an einem Tag schaffen.

» Vermutung (für die Gegenwart)

Beispiel: Sein Büro wird wohl immer noch so chaotisch aussehen.

Bildung

Wir brauchen die finite Form von *werden* und die *Grundform des Vollverbs.*

Person	Form von „werden"	Vollverb
1. Person Singular *(ich)*	ich werde	gehen lesen sehen gewinnen
2. Person Singular *(du)*	du wirst	
3. Person Singular *(er/sie/es/man)*	er wird	
1. Person Plural *(wir)*	wir werden	
2. Person Plural *(ihr)*	ihr werdet	
3. Person Plural/Höflichkeitsform *(sie/Sie)*	sie werden	

Beachte:

Vermutungen verstärken wir oft durch Wörter wie: *wohl, sicher, bestimmt.* Da durch diese Wörter klar ist, dass es sich um eine Vermutung handelt, können wir in diesem Fall auch Präsens verwenden.

Beispiel: Es wird *wohl* schon spät sein. = Es ist *wohl* schon spät.
Er wird *sicher* keine Zeit haben. = Er hat *sicher* keine Zeit.
Sie wird *bestimmt* zu Hause sein. = Sie ist *bestimmt* zu Hause.

Futur II

(VOLLENDETE ZUKUNFT)

Das Futur II drückt eine Vermutung aus, dass eine Handlung bis zum Zeitpunkt des Sprechens oder zu einem bestimmten Zeitpunkt in der Zukunft abgeschlossen sein wird.

Beispiel

» Warum baut Matthias sein Fahrrad auseinander?
» Er wird wohl gestürzt sein oder eine Panne gehabt haben.
» Oh nein, wir wollen in einer Stunde eine Radtour machen.
» Keine Angst! Bis dahin wird er das Fahrrad repariert haben.

Verwendung

» Vermutung über eine Handlung in der Vergangenheit

Beispiel: Er wird wohl gestürzt sein.
Er wird eine Panne gehabt haben.

» Vermutung, dass eine Handlung zu einem bestimmten Zeitpunkt in der Zukunft abgeschlossen sein wird (hier muss immer eine Zeitangabe stehen, damit man weiß, dass es um die Zukunft geht)

Beispiel: Bis dahin wird er das Fahrrad repariert haben.

Beachte:

Vermutungen verstärken wir oft durch Wörter wie: *wohl, sicher, bestimmt.*

Beispiel: Er wird *wohl* gestürzt sein.
Er wird *wohl* eine Panne gehabt haben.

Bildung

Wir brauchen die finite Form von *werden*, das *Partizip II* des Vollverbs und die Hilfsverben *sein/haben*[I].

Person	Form von „werden“	Vollverb + sein/haben	
1. Person Singular *(ich)*	ich werde	gegangen sein aufgewacht sein	gelesen haben gedacht haben
2. Person Singular *(du)*	du wirst		
3. Person Singular *(er/sie/es/man)*	er wird		
1. Person Plural *(wir)*	wir werden		
2. Person Plural *(ihr)*	ihr werdet		
3. Person Plural/Höflichkeitsform *(sie/Sie)*	sie werden		

Partizip II

schwache/gemischte Verben	starke Verben
ge...t	ge...en
gelernt	gesehen

Besonderheiten bei der Bildung

» Viele starke und gemischte Verben ändern im Partizip II den Stamm. (siehe Liste der starken und gemischten Verben, Seite 102)

Beispiel: gehen – gegangen, bringen – gebracht

» Endet der Stamm auf *d/t*, hängen wir bei schwachen/gemischten Verben die Endung et an.

Beispiel: warten – gewartet

» Verben mit der Endung *ieren* bilden das Partizip II ohne ge.

Beispiel: studieren – studiert

I zur Verwendung von *sein/haben* siehe Seite 11

Modalverben

Modalverben sind *dürfen, können, mögen, müssen, sollen* und *wollen*. Mit diesen Verben können wir den Inhalt einer Aussage ändern – es ist zum Beispiel ein Unterschied, ob jemand etwas tun *muss* oder *darf*.

Beispiel

Max will Automechaniker werden. Dafür muss er viel über Autos wissen. Sein Vater soll ihm alles erklären. In der Werkstatt darf Max seinem Vater helfen. Max kann sogar schon Reifen wechseln.

Verwendung

Modalverben verwenden wir meist mit dem Infinitiv des Vollverbs. Je nachdem, welches Modalverb wir verwenden, ändert sich die Aussage des Satzes.

Beispiel: Max will/darf/soll Automechaniker werden.

Wenn das Vollverb als selbstverständlich vorausgesetzt wird, lassen wir es in der Umgangssprache oft weg.

Beispiel: Kannst du Deutsch (sprechen)?
Willst du eine Pizza (essen)?
Ich darf das (machen).

Im Präsens und Präteritum verwenden wir die finite Form (siehe Tabelle auf der rechten Seite). Im Perfekt verwenden wir den Infinitiv des Modalverbs.

Präsens	Präteritum	Perfekt
Er kann tanzen.	Er konnte tanzen.	Er hat tanzen können.
Du musst schlafen.	Du musstest schlafen.	Du hast schlafen müssen.

Für Sätze, in denen kein Vollverb vorkommt, verwenden wir im Perfekt das Partizip II des Modalverbs.

Beispiel: Das habe ich nicht gewollt.

Bildung

	müssen	können	dürfen	sollen	wollen	mögen*	möchten**
Präsens							
ich	muss	kann	darf	soll	will	mag	möchte
du	musst	kannst	darfst	sollst	willst	magst	möchtest
er/sie/es/man	muss	kann	darf	soll	will	mag	möchte
wir	müssen	können	dürfen	sollen	wollen	mögen	möchten
ihr	müsst	könnt	dürft	sollt	wollt	mögt	möchtet
sie/Sie	müssen	können	dürfen	sollen	wollen	mögen	möchten
Präteritum							
ich	musste	konnte	durfte	sollte	wollte	mochte	wollte
du	musstest	konntest	durftest	solltest	wolltest	mochtest	wolltest
er/sie/es/man	musste	konnte	durfte	sollte	wollte	mochte	wollte
wir	mussten	konnten	durften	sollten	wollten	mochten	wollten
ihr	musstet	konntet	durftet	solltet	wolltet	mochtet	wolltet
sie/Sie	mussten	konnten	durften	sollten	wollten	mochten	wollten
Partizip II							
	gemusst	gekonnt	gedurft	gesollt	gewollt	gemocht	gewollt
Konjunktiv II							
	müsste	könnte	dürfte	sollte	wollte	möchte	

* *mögen* wird heute meist ohne Vollverb verwendet – *ich mag dich*

** *möchten* ist eigentlich Konjunktiv II von *mögen*, wird heute aber im Präsens als eigenständiges Modalverb verwendet (für die Vergangenheitsformen nehmen wir *wollen*).

Reflexive Verben

(Rückbezügliche Verben)

Reflexive Verben sind Verben mit einem Reflexivpronomen *(sich)*. (siehe auch Reflexivpronomen, Seite 56)

Beispiel

Gestern lief ich durch die Stadt.
Plötzlich blieb ich stehen.
Ich kannte mich hier nicht aus. Oh nein! Ich hatte mich verlaufen. Ich ärgerte mich über meinen Fehler.

Echte reflexive Verben

Echte reflexive Verben stehen in einer bestimmten Bedeutung immer mit dem Reflexivpronomen. Diese Verben erkennen wir daran, dass wir das Reflexivpronomen nicht durch ein anderes Wort ersetzen können.

Beispiel: Ich kannte mich aus. (*nicht möglich:* ~~Ich kannte den Weg aus.~~)

» Einige dieser Verben sind **nur reflexiv**.

Beispiel: *sich auskennen* – Ich kannte mich nicht aus.
sich verlaufen – Ich hatte mich verlaufen.

» Andere sind **teilreflexiv**. In einer bestimmten Bedeutung sind sie reflexive Verben, in einer anderen Bedeutung sind sie nicht reflexiv. In diese Gruppe gehören zum Beispiel die Verben *ärgern, aufhalten, ausziehen, verlassen*.

Beispiel: *sich ärgern* – Ich ärgerte mich über meinen Fehler.
jemanden ärgern – Er ärgert gern seine Schwester.

sich aufhalten – Wir halten uns gerade in München auf.
jemanden aufhalten – Ich will Sie nicht aufhalten.

sich ausziehen – Ich habe mich ausgezogen.
sich etwas ausziehen – Ich habe mir die Jacke ausgezogen.
ausziehen – Ich bin aus dem Haus meiner Eltern ausgezogen.

sich auf jemanden verlassen – Ich verlasse mich auf dich.
jemanden verlassen – Sie hat ihren Freund verlassen.

Unechte reflexive Verben

Unechte reflexive Verben erkennen wir daran, dass wir das Verb mit der gleichen Bedeutung auch ohne Reflexivpronomen verwenden können. Ohne Reflexivpronomen bezieht sich das Verb auf ein Objekt (nicht auf das Subjekt).

» Verben mit Reflexivpronomen im Akkusativ, unter anderem:
sich anziehen, schminken, umdrehen, verstecken, waschen

Beispiel: Das Kind zieht sich an. (reflexiv)
aber: Die Mutter zieht das Kind an. (nicht reflexiv)

» Verben mit Reflexivpronomen im Dativ, unter anderem:
sich etwas anziehen, bestellen, holen, kaufen, putzen, waschen

Beispiel: Ich ziehe mir die Jacke an. (reflexiv)
auch: Ich ziehe die Jacke an. (nicht reflexiv)
oder: Die Mutter zieht dem Kind die Jacke an. (nicht reflexiv)

Bildung

» Wir beugen das Verb und verwenden das passende Reflexivpronomen.

» Bei den meisten reflexiven Verben steht das Reflexivpronomen im Akkusativ, nur bei wenigen im Dativ (meist in Verbindung mit *etwas*).

» Das Reflexivpronomen steht an der Stelle des Objekts.

Zeitform	Reflexivpronomen im Akkusativ	Reflexivpronomen im Dativ
Präsens	Ich ärgere mich.	Du kaufst dir ein Eis.
Perfekt	Ich habe mich geärgert.	Du hast dir ein Eis gekauft.
Prät.	Ich ärgerte mich.	Du kauftest dir ein Eis.
Plusqu.	Ich hatte mich geärgert.	Du hattest dir ein Eis gekauft.
Futur I	Ich werde mich ärgern.	Du wirst dir ein Eis kaufen.
Futur II	Ich werde mich geärgert haben.	Du wirst dir ein Eis gekauft haben.

Reflexivpronomen

» Das Reflexivpronomen entspricht bis auf die 3. Person den Akkusativ- und Dativpronomen.

» In der 3. Person verwenden wir *sich*.

Personalpronomen	ich	du	er/sie/es	wir	ihr	sie/Sie
Reflexivpronomen Akkusativ	mich	dich	sich	uns	euch	sich
Reflexivpronomen Dativ	mir	dir	sich	uns	euch	sich

Trennbare und nicht trennbare Verben

Im Deutschen können wir viele Verben durch Präfixe (Vorsilben) erweitern und erhalten so Verben mit einer anderen Bedeutung.

In der finiten Form sind einige Verben vom Präfix getrennt – das sind *trennbare Verben*. Bei anderen Verben bleiben Verb und Präfix auch in der finiten Form untrennbar zusammen – das sind *nicht trennbare Verben*. Zu welcher Gruppe ein Verb gehört, hängt vom jeweiligen Präfix ab.

Beispiel: anstehen – *trennbar* – ich stehe an, du stehst an, ...
bestehen – *nicht trennbar* – ich bestehe, du bestehst, ...

Trennbare Verben

Trennbar sind Verben mit folgenden Präfixen:

---

ab-, an-, auf-, aus-, bei-, ein-, los-, mit-, nach-,
her-, hin-, vor-, weg-, zu-, zurück-

» In der finiten Form stehen diese Präfixe getrennt vom Verb, meist am Ende des Satzes.

Beispiel: Ich *stehe* an der Kasse *an*.

» Im Partizip II wird ge zwischen Präfix und Verb gesetzt.

Beispiel: Ich habe an der Kasse *angestanden.*

Nicht trennbare Verben

Nicht trennbar sind Verben mit folgenden Präfixen:

---

be-, emp-, ent-, er-, ge-, miss-, ver-, zer-

» Diese Präfixe bleiben als fester Bestandteil vor dem Verb, auch in der finiten Form.

Beispiel: Ich *bestehe* die Prüfung.

» Das Partizip II bilden wir ohne ge.

Beispiel: Ich habe die Prüfung *bestanden.*

Trennbar oder nicht trennbar

Verben mit folgenden Präfixen können sowohl trennbar als auch nicht trennbar sein:

---

durch-, hinter-, über-, um-, unter-

» Einige Verben sind mit diesen Präfixen immer trennbar.
Beispiel: umschauen – er *schaut* sich um

» Einige andere Verben sind mit diesen Präfixen nie trennbar.
Beispiel: umarmen – sie *umarmt* ihn

» Es gibt aber auch Verben, die mit diesen Präfixen trennbar oder nicht trennbar sein können. Das trennbare Verb und das nicht trennbare Verb haben dann eine unterschiedliche Bedeutung.
Beispiel: umfahren – Er *fährt* das Schild um. – Er *umfährt* das Schild.

Beispiel

Er *fährt* das Schild um.

Er *umfährt* das Schild.

Beachte:

Bei trennbaren Verben betonen wir das Präfix, bei nicht trennbaren Verben die Silbe hinter dem Präfix.

Passiv

(*LEIDEFORM*)

Mit dem Passiv betonen wir eine Handlung (*Vorgangspassiv*) oder einen Zustand (*Zustandspassiv*). Wer/Was die Handlung oder den Zustand verursacht hat, ist unwichtig, unbekannt oder wird als allgemein bekannt vorausgesetzt.

✏ Beispiel

Ein Mann wurde angefahren. Er ist verletzt.

Dem Verletzten wurde ein Verband angelegt. Jetzt wird der Mann ins Krankenhaus gebracht.

Verwendung

» Das **Vorgangspassiv** verwenden wir, wenn wir eine Handlung betonen wollen (Was passiert?). Wer die Handlung ausübt, ist nicht so wichtig oder unbekannt.

Beispiel: Ein Mann wurde angefahren.
Dem Verletzten wurde ein Verband angelegt.
Jetzt wird der Mann ins Krankenhaus gebracht.

✎ Die wichtigsten Informationen dieser Sätze sind also, dass jemand angefahren wurde, man ihm einen Verband angelegt hat und der Mann jetzt ins Krankenhaus gefahren wird. Wer den Mann angefahren hat, wer ihm den Verband angelegt hat und wer ihn ins Krankenhaus fährt, ist in diesem Fall nicht so wichtig oder nicht bekannt.

» Mit dem **Zustandspassiv** beschreiben wir den Zustand nach einer Handlung.

Beispiel: Er ist verletzt.

✎ Während der Handlung wurde der Mann verletzt – jetzt ist er verletzt.

Bildung

Vorgangspassiv

Subjekt + Form von *werden* (+ Objekt) + Partizip II

Zeitform	Beispielsatz im Vorgangspassiv
Präsens	Der Mann wird verletzt.
Perfekt	Der Mann ist verletzt worden.
Präteritum	Der Mann wurde verletzt.
Plusquamperfekt	Der Mann war verletzt worden.
Futur I	Der Mann wird verletzt werden.
Futur II	Der Mann wird verletzt worden sein.

Zustandspassiv

Subjekt + Form von *sein* + Partizip II

Zeitform	Beispielsatz im Zustandspassiv
Präsens	Der Mann ist verletzt.
Perfekt	Der Mann ist verletzt gewesen.
Präteritum	Der Mann war verletzt.
Plusquamperfekt	Der Mann war verletzt gewesen.
Futur I	Der Mann wird verletzt sein.
Futur II	Der Mann wird verletzt gewesen sein.

Beachte:

Einige Zeiten im Aktiv ähneln dem Zustandspassiv. Wenn wir wissen wollen, ob ein Satz Aktiv oder Passiv ist, versuchen wir hier einfach, das Vorgangspassiv zu bilden. Ist dies nicht möglich, handelt es sich um eine Aktivform.

Beispiel: Ein Unfall ist passiert. *(Aktiv Perfekt; kein Zustandspassiv!)*
nicht möglich: ~~Ein Unfall wird passiert.~~

Aktiv oder Passiv

Aktiv verwenden wir, um zu betonen, *wer/was* die Handlung ausführt.

Beispiel: Der Lehrer erklärte uns das Passiv.

Passiv verwenden wir, um die Handlung an sich zu betonen. Wer/was die Handlung ausführt, wird in vielen Passivsätzen weggelassen.

Beispiel: Das Passiv wurde uns (vom Lehrer) erklärt.

Verben, die kein Passiv bilden können

Verben ohne Akkusativobjekt können kein Passiv bilden. Dazu gehören:

» Verben, deren Perfektform mit *sein* gebildet wird (z. B. *fahren*)

Beispiel: Ich fuhr selber nach Berlin.
~~Ich wurde selber nach Berlin gefahren.~~

✎ Passiv ist nicht möglich, weil ich selber gefahren bin.

Aber: *fahren* kann auch mit *haben* + Akkusativobjekt verwendet werden. In diesem Fall ist ein Passivsatz möglich.

Beispiel: Mein Vater fuhr *mich* nach Berlin.

✎ Passiv: *Ich* wurde (von meinem Vater) nach Berlin gefahren.

» reflexive Verben

Beispiel: Ich habe mich versteckt. (~~Ich bin mich versteckt worden.~~)

» andere Verben ohne Akkusativobjekt

Beispiel: Er schläft. (~~Er wird geschlafen.~~)

Aber: In der Umgangssprache können wir von diesen Verben oft ein *unpersönliches Passiv* bilden (siehe rechte Seite), z. B. als Aufforderung.

Beispiel: Jetzt wird geschlafen!

Beachte:

Auch mit Akkusativobjekt können nicht alle Verben das Passiv bilden. Dazu gehören zum Beispiel die Verben *haben, kennen, wissen, es gibt.*

Beispiel: Ich habe einen Hund. (~~Ein Hund wird gehabt.~~)
Ich kenne die Frau. (~~Die Frau wird gekannt.~~)
Ich weiß die Antwort. (~~Die Antwort wird gewusst.~~)
Es gibt viele Museen. (~~Viele Museen werden gegeben.~~)

Umwandlung von Aktiv in Vorgangspassiv

Bei der Umwandlung von Aktiv in Vorgangspassiv geschieht Folgendes:

» Das Akkusativobjekt wird zum Subjekt.
» Das Subjekt wird weggelassen oder mit „von (+ Dativ)" eingesetzt.
» Das Verb wird im Partizip II verwendet, zusätzlich benötigen wir das Hilfsverb *werden* in der konjugierten Form.

	Subjekt	finites Verb	Objekt	infinites Verb
Aktiv	Jemand	verletzt	den Mann.	
Passiv	Der Mann	wird	(von jemandem)	verletzt.

Beispiel für alle Zeitformen

Zeit	Aktiv	Vorgangspassiv
Präsens	Jemand verletzt den Mann.	Der Mann wird (von jemandem) verletzt.
Perfekt	Jemand hat den Mann verletzt.	Der Mann ist (von jemandem) verletzt worden.
Präteritum	Jemand verletzte den Mann.	Der Mann wurde (von jemandem) verletzt.
Plusquamperfekt	Jemand hatte den Mann verletzt.	Der Mann war (von jemandem) verletzt worden.
Futur I	Jemand wird den Mann verletzen.	Der Mann wird (von jemandem) verletzt werden.
Futur II	Jemand wird den Mann verletzt haben.	Der Mann wird (von jemandem) verletzt worden sein.

Besonderheiten

Nur das Akkusativobjekt wird zum Subjekt. Gibt es im Aktivsatz ein Dativobjekt, das an die erste Stelle rutschen soll, bleibt es im Dativ.

Aktiv: Man legte dem Verletzten einen Verband an.

Passiv: Dem Verletzten wurde ein Verband angelegt.

Auch Aktivsätze ohne Objekt können ins Passiv umgewandelt werden (*unpersönliches Passiv*). Wir verwenden dafür das Personalpronomen ‚es' oder eine adverbiale Bestimmung.

Beispiel: Wir tanzten (gestern) viel. – Es/Gestern wurde viel getanzt.

Imperativ

(AUFFORDERUNG, BEFEHLSFORM)

Imperativ verwenden wir für Aufforderungen und Befehle, bei denen wir eine oder mehrere Personen persönlich ansprechen. Der Imperativ existiert also für die Formen *du*, *ihr*, *wir* und die Höflichkeitsform *Sie*.

Beispiel

Fahrgast: Halten Sie!
Fahrer: Steigen Sie ein!
Fahrgast: Fahren Sie mich *bitte* zum Bahnhof!
Fahrer: Schnallen Sie sich *bitte* an!
Fahrgast: Fahren wir!

Verwendung

Mit dem Imperativ fordern wir jemanden auf, etwas zu tun.

Beispiel: Halten Sie!
Steigen Sie ein!
Fahren Sie mich zum Bahnhof!

Gelegentlich beziehen wir uns selbst in die Aufforderung ein und verwenden den Imperativ für die 1. Person Plural *(wir)*.

Beispiel: Fahren wir!

Der Imperativ ist im Deutschen sehr gebräuchlich, weil wir hier mit wenigen Wörtern sagen können, was der andere tun soll. Für Nicht-Muttersprachler klingt diese Form manchmal etwas unhöflich, das ist aber normalerweise nicht so gemeint. Natürlich kommt es immer auf den Ton an.

Um höflicher zu klingen, können wir das Wörtchen *bitte* verwenden.

Beispiel: Fahren Sie mich *bitte* zum Bahnhof!
Schnallen Sie sich *bitte* an!

Bildung

1./3. Person Plural (wir/Sie)

Den Imperativ für *Sie/wir* bilden wir mit dem *Verb im Infinitiv + Sie/wir*. Beim Verb *sein* fügen wir zusätzlich ein e ein.

Beispiel: Gehen Sie!/Seien Sie ehrlich!
Gehen wir!/Seien wir ehrlich!

2. Person Plural (ihr)

Der Imperativ für *ihr* ist die finite Verbform der 2. Person Plural, aber ohne das Pronomen.

Beispiel: Geht!/Seid ehrlich!

2. Person Singular (du)

Den Imperativ für *du* bilden wir normalerweise, indem wir beim Infinitiv die Endung *en* entfernen. In der gehobenen Sprache hängen wir bei vielen Verben oft noch ein e an, in der Umgangssprache lassen wir es meistens weg.

Beispiel: Geh(e)!/Sei ehrlich!

Besonderheiten beim Imperativ für 2. Person Singular:

» Die Stammvokaländerung von *e* zu i/ie gilt auch für den Imperativ; in diesem Fall verwenden wir aber nie das Imperativ-*e*.

Beispiel: Lies! *(lesen – ich lese, du liest)*
(nicht: ~~Liese!~~*)*

» Die Stammvokaländerung von *a* zu ä gilt nicht für den Imperativ.

Beispiel: Fahr! *(aber: ich fahre, du fährst)*

» Endet der Präsensstamm auf *d/t*, hängen wir immer e an.

Beispiel: Warte! *(nicht:* ~~Wart!~~*)*

» Endet der Präsensstamm auf *Konsonant + m/n*, hängen wir immer e an; aber nicht, wenn dieser Konsonant ein *m, n, l, r* oder *h* (außer bei *ch*) ist.

Beispiel: Atme!/Zeichne!
aber: Schwimm(e)!/Lern(e)!

» Endet das Verb auf *eln/ern*, hängen wir immer e an. (Das *e* von *eln/ern* kann wegfallen.)

Beispiel: Fei(e)re!/Ang(e)le!

Konjunktiv

(*MÖGLICHKEITSFORM*)

Konjunktiv verwenden wir für Situationen, die nicht real, sondern nur möglich sind (deshalb Möglichkeitsform). Dies kann zum Beispiel etwas sein, das wir uns nur vorstellen oder wünschen. Oder wir wiederholen eine Äußerung, von der wir nicht wissen, ob sie wahr ist oder nicht.

Es gibt zwei Konjunktivformen – Konjunktiv I und Konjunktiv II.

Konjunktiv I

Konjunktiv I finden wir hauptsächlich in Zeitungstexten und Nachrichten, wenn Aussagen in der indirekten Rede wiedergegeben werden. Aber auch in einigen festen Wendungen kommt Konjunktiv I vor.

Beispiel

Nachrichten

Hoch lebe das Geburtstagskind! Zu seinem 90. Geburtstag sagte der Schauspieler, er habe sich noch nie so jung gefühlt.

Verwendung

» einige feste Wendungen

Beispiel: Hoch lebe das Geburtstagskind!

» indirekte Rede[1]

Beispiel: Er sagt, er habe sich noch nie so jung gefühlt.

1 In der Umgangssprache bevorzugen wir hier oft Indikativ, siehe auch Indirekte Rede, Seite 96 ff.

Bildung

» Nur das Verb *sein* ist im Konjunktiv I noch in allen Formen üblich:
ich sei, du sei(e)st, er sei, wir seien, ihr seiet, sie seien

Beispiel: Er sagte, sie seien im Kino.

» Bei allen anderen Verben verwenden wir Konjunktiv I meist nur noch in der 3. Person Einzahl *(er/sie/es/man)*.
Dazu müssen wir nur das n vom Infinitiv entfernen.

Beispiel: haben – er habe
schreiben – er schreibe

» In der 2. Person *(du/ihr)* unterscheiden sich Konjunktiv I und Indikativ nur dadurch, dass beim Konjunktiv I vor der Endung ein e steht.

Beispiel: du träumst – du träumest
ihr geht – ihr gehet

✎ Oft bevorzugen wir in der 2. Person aber Konjunktiv II anstelle von Konjunktiv I. So lässt sich die Form besser vom Indikativ unterscheiden.

» Für die 1. Person Einzahl *(ich)* sowie die 1. und 3. Person Plural *(wir, sie)* unterscheidet sich der Konjunktiv I nicht vom Indikativ. Deshalb müssen wir für diese Personen Konjunktiv II verwenden.

Beispiel: „Sie gehen joggen." – Er sagt, sie gingen joggen. *(Konj. II)*

Zeiten im Konjunktiv I

Den Konjunktiv I können wir im Präsens, Perfekt und Futur bilden. [2]

	Konjunktiv I
Präsens	er gehe er sage
Perfekt	er sei gegangen er habe gesagt
Futur I	er werde gehen er werde sagen
Futur II	er werde gegangen sein er werde gesagt haben

2 zur Umwandlung von Indikativ in Konjunktiv bei der indirekten Rede siehe Wiedergabe der Zeiten im Konjunktiv, Seite 98

Konjunktiv II

Konjunktiv II verwenden wir hauptsächlich, wenn wir uns etwas vorstellen oder wünschen, das zurzeit nicht möglich ist. Auch in der indirekten Rede oder bei besonders höflichen Fragen oder Aussagen kommt Konjunktiv II zum Einsatz.

Beispiel

Verwendung

» (irreale) Wünsche und Hoffnungen

Beispiel: Ich wünschte, ich hätte Ferien.

» irreale Aussagen/Bedingungssätze (siehe Konditionalsätze, Seite 94)

Beispiel: Dann könnte ich in den Urlaub fahren.
Wenn ich im Urlaub wäre, läge ich den ganzen Tag am Strand.

» indirekte Rede, wenn Konjunktiv I nicht möglich ist
(siehe auch Indirekte Rede, Seite 96)

Beispiel: Unser Lehrer sagt, wir müssten noch viel lernen.

» besonders höfliche oder vorsichtige Anfragen/Aussagen

Beispiel: Wärst du so freundlich, an die Tafel zu kommen?

Bildung

Vom Konjunktiv II gibt es zwei Formen, je nachdem, ob wir eine Situation in der Gegenwart oder in der Vergangenheit ausdrücken wollen.

Situationen in der Gegenwart

» Wir hängen die Konjunktivendung an den Präteritumstamm an (siehe Tabelle unten, Spalte *finden*). Starke Verben erhalten einen Umlaut.

Beispiel: finden (fand) – er fände

» Schwache und einige gemischte Verben unterscheiden sich im Konjunktiv II nicht vom Indikativ Präteritum. Deshalb umschreiben wir diese Verben normalerweise mit *würde* (würde-Form).

Beispiel: ich wartete – ich würde warten

» In der Umgangssprache bevorzugen wir auch für viele starke Verben die würde-Form (*würde* + *Infinitiv*).

Beispiel: gehen – ich ginge/ich würde gehen

	Konjunktiv II (Gegenwart)			würde-Form
	finden	sein	haben	
1. Person Singular	ich fände	ich wäre	ich hätte	ich würde ...
2. Person Singular	du fändest	du wär(e)st	du hättest	du würdest ...
3. Person Singular	er fände	er wäre	er hätte	er würde ...
1. Person Plural	wir fänden	wir wären	wir hätten	wir würden ...
2. Person Plural	ihr fändet	ihr wär(e)t	ihr hättet	ihr würdet ...
3. Person Plural	sie fänden	sie wären	sie hätten	sie würden ...

Situationen in der Vergangenheit

» Wollen wir eine Situation in der Vergangenheit ausdrücken, verwenden wir die Konjunktivformen von *sein/haben* + *Partizip II*.

Beispiel: ich wäre gegangen/ich hätte gesagt

GENUS

(*GESCHLECHT*)

Das Genus gibt an, ob ein Nomen maskulin, feminin oder neutral ist. Im Wörterbuch werden normalerweise die Abkürzungen *m* (*maskulin = männlich*), *f* (*feminin = weiblich*) und *n* (*neutral = sächlich*) verwendet.

BEISPIEL

Im Deutschen können wir oft nicht am Nomen selbst erkennen, ob es maskulin, feminin oder neutral ist. Am besten ist es deshalb, die deutschen Nomen immer mit ihrem Artikel zu lernen.

Es gibt allerdings einige Merkmale, an denen wir das Genus erkennen können. Diese Gruppen sind hier aufgelistet:

MASKULINE NOMEN

Merkmal	Beispiel
männliche Personen	der Mann, der Präsident
Jahreszeiten	der Frühling, der Sommer, der Herbst, der Winter (*aber:* das Frühjahr)
Tage/Monate	der Montag, der Dienstag, der Mittwoch, ... der Januar, der Februar, der März, der April, ...
Niederschläge	der Regen, der Schnee, der Hagel, der Schauer
Nomen auf <u>ling</u>	der Schmetterling, der Lehrling
Nomen auf <u>ich/ig</u>	der Teppich, der Honig
Nomen aus Verben *ohne* <u>en</u>	der Lauf (laufen), der Sitz (sitzen)

Feminine Nomen

Merkmal	Beispiel
weibliche Personen	die Frau, die Präsidentin (*aber:* das Fräulein, das Mädchen)
als Nomen verwendete Zahlen	die Eins
Nomen auf ung	die Endung
Nomen auf schaft	die Mannschaft
Nomen auf ion	die Diskussion
Nomen auf heit/keit	die Freiheit, die Heiterkeit
Nomen auf tät	die Identität
Nomen auf ik	die Musik

Neutrale Nomen

Merkmal	Beispiel
Buchstaben	das A
Nomen auf lein/chen	das Fräulein, das Mädchen
Nomen auf um	das Museum, das Aquarium
Nomen auf ment	das Experiment
Fremdwörter auf ma	das Thema, das Drama
Nomen aus Verben im Infinitiv	das Laufen, das Essen
Nomen aus engl. Verben auf ing	das Timing, das Training
Nomen aus Adjektiven, die sich nicht auf etwas Spezielles beziehen	das Neue, das Ganze, das Gleiche (*aber:* Das ist der Neue. – *z. B. Schüler*)

Zusammengesetzte Nomen

Bei Nomen, die aus mehreren Nomen zusammengesetzt sind, bestimmt das letzte Nomen das Genus des gesamten Wortes.

Beispiel: der Tisch + das Bein = das Tischbein
der Kopf + das Kissen = das Kopfkissen
die Hand + das Tuch = das Handtuch

Artikel

(Begleiter)

Im Deutschen verwenden wir die Nomen meistens mit Artikel. Am Artikel erkennen wir Genus (maskulin, feminin, neutral), Numerus (Singular, Plural) und Kasus (Nominativ, Akkusativ, Dativ, Genitiv).

Es gibt unbestimmte Artikel (ein, eine) und bestimmte Artikel (der, die, das).

Beispiel

Lena ist eine Freundin von Lara und die Freundin von Franz.

Lena hat ein Eis gekauft. Das Eis schmeckt ihr sehr gut.

Unbestimmter Artikel

Unbestimmte Artikel sind ein *(maskulin, neutral)* und eine *(feminin)*. Wir verwenden den unbestimmten Artikel:

» wenn wir von etwas sprechen, das nicht näher bestimmt ist
Beispiel: Lena ist eine Freundin von Lara. *(eine von mehreren)*

» wenn wir in einem Text etwas zum ersten Mal erwähnen *(einleitend)*
Beispiel: Lena hat ein Eis gekauft.

Bestimmter Artikel

Bestimmte Artikel sind der *(maskulin)*, die *(feminin/Plural)* und das *(neutral)*. Wir verwenden den bestimmten Artikel:

» wenn wir von etwas Bestimmtem sprechen
Beispiel: Lena ist die Freundin von Franz. *(die einzige – sie sind ein Paar)*

» wenn wir etwas bereits erwähnt haben oder es als bekannt voraussetzen
Beispiel: Das Eis schmeckt ihr sehr gut.

Artikel und Präpositionen

Steht vor einem bestimmten Artikel eine Präposition, werden beide oft zu einem Wort zusammengezogen. Dies trifft bei folgenden Präpositionen und Artikeln zu:

Präposition	Präposition + Artikel	Beispiel
an	an dem = am	Ich warte am Kino.
bei	bei dem = beim	Beim Spielen hat er die Zeit vergessen.
in	in dem = im in das = ins	Ich bin im Wohnzimmer. Kommst du auch ins Wohnzimmer?
von	von dem = vom	Ich komme gerade vom Einkaufen.
zu	zu dem = zum zu der = zur	Ich gehe zum Sport. Wir gehen zur Disko.

Kein Artikel

Wir verwenden normalerweise keinen Artikel für:

- Ortsnamen
  Beispiel: Sie wohnen in Bremen.
- die meisten Ländernamen (außer z. B. die Schweiz, die Türkei, die USA)
  Beispiel: Wir machen Urlaub in Österreich.
  (*aber:* Wir machen Urlaub in der Schweiz.)
- Gleichsetzungen mit den Verben *sein/werden*
  Beispiel: Es ist Juli.
  Mein Bruder will Arzt werden.
- bestimmte konkrete Fähigkeiten
  Beispiel: Ich spiele Klavier/Tennis.
  Leo spricht Japanisch.
- Materialien/Stoffe (z. B. Papier, Holz, Wasser, Milch, Eisen), jedoch nur in einem allgemeinen Kontext
  (Sprechen wir von etwas Konkretem, muss ein Artikel stehen.)
  Beispiel: Papier wird aus Holz hergestellt.
  Wir müssen noch Wasser kaufen.
  (*aber:* Das Papier ist alle./Wo ist das Holz für den Kamin?)

Plural

(*MEHRZAHL*)

Der Plural im Deutschen kann die Endungen n/en, e, r/er, s haben oder endungslos sein.

Beispiel

die Geldscheine

die Münzen

das Geld (*kein Plural*)

Im Folgenden haben wir zusammengefasst, welche Pluralendungen häufig bei bestimmten Endungen auftreten. Es gibt aber viele Ausnahmen.

Pluralendung *n/en*

» maskuline Nomen mit den Endungen e, ent, and, ant, ist, or

Beispiel: der Student – die Studenten

» feminine Nomen mit den Endungen e, in, ion, ik, heit, keit, schaft, tät, ung

Beispiel: die Nation – die Nationen

Besonderheit bei femininen Nomen mit der Endung in:
‚n' wird verdoppelt

Beispiel: die Lehrerinnen

» Bei Fremdwörtern mit den Endungen ma, um, us ersetzen wir die Endung des Nomens im Plural meist durch en.

Beispiel: das Thema – die Themen

Pluralendung *e*

» maskuline Nomen mit den Endungen eur, ich, ier, ig, ling, ör

Beispiel: der Friseur – die Friseure

» viele einsilbige feminine Nomen (Plural mit Umlaut)

Beispiel: die Hand – die Hände

Pluralendung *r/er*

» viele einsilbige neutrale Nomen (Plural oft mit Umlaut)

Beispiel: das Wort – die Wörter

» Beachte: Feminine Nomen bilden den Plural nie auf r/er.

Pluralendung *s*

» maskuline, feminine und neutrale Nomen mit den Endungen a, i, o, u, y

Beispiel: der Opa – die Opas
das Auto – die Autos
die Mutti – die Muttis
das Hobby – die Hobbys

» Familiennamen

Beispiel: die Lehmanns (= die Familie Lehmann)

Keine Pluralendung

» maskuline Nomen mit den Endungen el, en, er

Beispiel: der Löffel – die Löffel

» neutrale Nomen mit den Endung chen, lein

Beispiel: das Mädchen – die Mädchen

Singular oder Plural

» Die meisten Nomen können wir im Singular und Plural verwenden.

Beispiel: der Geldschein – die Geldscheine
die Münze – die Münzen

» Einige Nomen verwenden wir normalerweise nur im Singular.

Beispiel: das Geld[1], der Hunger, die Milch

» Einige Nomen verwenden wir nur im Plural.

Beispiel: die Eltern, die Leute, die Ferien

---

1 Es gibt den Plural „die Gelder“, jedoch mit einer anderen Bedeutung.

Deklination

Nominativ

(1. Fall, Wer-Fall)

Der Nominativ ist die Grundform der Nomen. Im Nominativ steht das Subjekt des Satzes – die Kontrollfrage nach dem Subjekt lautet „Wer/Was?“.

Beispiel

Der Fußball liegt im Gras.

Den Fußball hat der Junge zum Geburtstag bekommen.

Der Junge will einmal Profifußballer werden.

Verwendung

» Subjekt des Satzes

Beispiel: Der Fußball liegt im Gras.
Den Fußball hat der Junge zum Geburtstag bekommen.
Der Junge will einmal Profifußballer werden.

» prädikativer Nominativ
Hinter den Verben *sein/werden/bleiben* steht häufig ebenfalls ein Nomen im Nominativ – dies ist allerdings nicht das richtige Subjekt, sondern ein Prädikativ (es weist dem Subjekt eine Eigenschaft zu).

Beispiel: Der Junge will einmal Profifußballer werden.

Bildung

	bestimmter Artikel	unbestimmter Artikel
maskulin	der Vater	ein Vater
feminin	die Mutter	eine Mutter
neutral	das Kind	ein Kind
Plural	die Eltern	Eltern

Besonderheiten

» Im Plural verwenden wir keinen unbestimmten Artikel.

Beispiel: nette Eltern

Beachte

Das Subjekt steht sehr oft am Satzanfang, es kann aber auch mitten im Satz stehen (siehe Satzbau Seite 82).

Wir finden das Subjekt mit der Kontrollfrage „Wer/Was?".

Beispiel: Der Fußball liegt im Gras.
(Kontrollfrage: Wer/Was liegt im Gras? – der Fußball)
Den Fußball hat der Junge zum Geburtstag bekommen.
(Kontrollfrage: Wer/Was hat den Fußball zum Geburtstag bekommen? – der Junge)

Genitiv

(2. Fall, Wessen-Fall)

Den Genitiv verwenden wir, um eine Zugehörigkeit anzuzeigen. Außerdem steht der Genitiv nach bestimmten Präpositionen, Verben und Adjektiven. Die Kontrollfrage nach dem Genitiv lautet „Wessen?".

Beispiel

Während der Ferien fährt Familie Schmidt in den Urlaub. In diesem Jahr besuchen sie Freunde der Familie. An der Anzeigetafel informiert sich die Familie über die Abfahrt der Züge.

Die Schmidts werden des Reisens nie überdrüssig. Sie rühmen sich sogar des Titels „Reisemeister", den sie im letzten Jahr von ihren Nachbarn verliehen bekamen.

Verwendung

» zeigt Zugehörigkeit an

Beispiel: An der Anzeigetafel informiert sich die Familie über *die Abfahrt* der Züge.
(Kontrollfrage: Wessen Abfahrt? – die Abfahrt der Züge)
In diesem Jahr besuchen sie Freunde der Familie.
(Kontrollfrage: Wessen Freunde? – die Freunde der Familie)

» bei bestimmten Präpositionen, z. B. *während, anstelle, trotz* (s. Seite 110)

Beispiel: *Während* der Ferien fährt Familie Schmidt in den Urlaub.

» bei einigen Verben (Genitivobjekt, siehe auch Seite 63)

Beispiel: Sie *rühmen sich* des Titels „Reisemeister".

» bei einigen Adjektiven

Beispiel: Die Schmidts werden des Reisens nie *überdrüssig*.

Bildung

	bestimmter Artikel	unbestimmter Artikel
maskulin	des Vaters	eines Vaters
feminin	der Mutter	einer Mutter
neutral	des Kindes	eines Kindes
Plural	der Eltern	Eltern

Besonderheiten

» Nur maskuline und neutrale Nomen haben die Endung s.

Beispiel: des Vaters

» Bei einigen maskulinen und neutralen Nomen können/müssen wir die Endung es verwenden. Dies ist der Fall, wenn das Nomen:

- einsilbig ist *(kann verwendet werden)*

  Beispiel: das Jahr – des Jahr(e)s

- auf Zischlaut *(s, ß, x, z)* endet *(muss verwendet werden)*

  Beispiel: der Einfluss – des Einflusses

- mehrere Konsonanten am Ende hat *(kann verwendet werden)*

  Beispiel: das Geschenk – des Geschenk(e)s

» Einige maskuline Nomen haben im Genitiv, Dativ und Akkusativ die Endung n bzw. en.

Beispiel: maskuline Nomen auf e: der Junge – des Jungen
maskuline Nomen auf ent: der Assistent – des Assistenten
weitere, z. B. der Herr – des Herrn, der Mensch – des Menschen

» Nomen und Eigennamen ohne Artikel bilden den Genitiv mit von.

Beispiel: der Import von Öl
die Opern von Mozart
das Fahrrad von Franz

» Bei Eigennamen können wir die Genitiv-Form auch voranstellen. Das Nomen hat dann die Endung s (bzw. einen Apostroph, wenn das Nomen auf *s, ß, x, z* endet).

Beispiel: Mozarts Opern
Franz' Fahrrad

Dativ

(*3. Fall, Wem-Fall*)

Den Dativ verwenden wir nach bestimmten Verben und Präpositionen. Die Kontrollfrage nach dem Dativ lautet „Wem/Was?“.

Das Dativobjekt ist auch bekannt als indirektes Objekt. In Sätzen mit mehreren Objekten ist das indirekte Objekt normalerweise eine Person, für welche eine Handlung bestimmt ist.

Beispiel

Die Kamera gehört der Frau.

Der Mann macht mit der Kamera ein Foto von der Frau.

Die Frau hat dem Mann die Kamera gegeben.

Verwendung

» nach bestimmten Verben (Dativobjekt), z. B. *gehören, helfen, antworten*

Beispiel: Die Kamera *gehört* der Frau.

» nach bestimmten Präpositionen: *aus, bei, bis zu, gegenüber, mit, nach, seit, von, zu*

Beispiel: Der Mann macht *mit* der Kamera ein Foto *von* der Frau.

» indirektes Objekt bei Sätzen mit mehreren Objekten

Beispiel: Die Frau hat dem Mann die Kamera gegeben.

(siehe auch Übersicht Genitiv, Dativ oder Akkusativ, Seite 110)

Bildung

	bestimmter Artikel	unbestimmter Artikel
maskulin	dem Vater	einem Vater
feminin	der Mutter	einer Mutter
neutral	dem Kind	einem Kind
Plural	den Eltern	Eltern

Besonderheiten

» Einige maskuline Nomen haben im Genitiv, Dativ und Akkusativ die Endung n bzw. en.

Beispiel: maskuline Nomen auf *e*: der Junge – dem Jungen
maskuline Nomen auf *ent*: der Assistent – dem Assistenten
weitere, z. B. der Herr – dem Herrn,
der Mensch – dem Menschen

» Endet der Plural nicht auf *s* oder *n*, hängen wir im Dativ n an den Plural.

Beispiel: die Kinder – den Kindern, die Löffel – den Löffeln

Verben und Präpositionen, die Dativ verlangen

» Es gibt viele Verben, die ein Dativobjekt haben. Einige typische sind:

antworten, zuhören, zustimmen, widersprechen
glauben, vertrauen, folgen
helfen, gratulieren, danken
gehorchen, verzeihen
gehören, gefallen
leidtun, wehtun
liegen, sitzen, stehen (+ Präposition)

» Präpositionen, die Dativ verlangen, sind:

aus, aus … heraus, außer, bei, dank, gegenüber,
mit, nach, seit, von, von … aus, zu, bis zu, … zufolge

» Einige Verben und Präpositionen können wir mit Dativ oder Akkusativ verwenden. Dativ nehmen wir, wenn wir fragen können „Wo?".

hängen, stecken
an, auf, hinter, in, neben, über, unter, vor, zwischen

Akkusativ

(4. Fall, Wen-Fall)

Den Akkusativ verwenden wir nach bestimmten Verben und Präpositionen. Die Kontrollfrage nach dem Akkusativ lautet „Wen/Was?".

Das Akkusativobjekt ist auch bekannt als direktes Objekt. In Sätzen mit mehreren Objekten ist das direkte Objekt normalerweise etwas, das getan wird.

Beispiel

Der Junge hat <u>eine Freundin</u>. Er spielt sehr gut <u>Gitarre</u> und hat <u>ein Liebeslied</u> für <u>die Freundin</u> komponiert.

Er singt der Freundin <u>das Lied</u> vor.

Verwendung

» nach bestimmten Verben (Akkusativobjekt), z. B. *haben, singen, spielen, komponieren, ...*

Beispiel: Der Junge *hat* <u>eine Freundin</u>.
Er *spielt* <u>Gitarre</u>.
Er *hat* <u>ein Liebeslied</u> *komponiert*.
Er *singt* <u>das Lied</u>.

» nach bestimmten Präpositionen: *durch, für, gegen, ohne, um*

Beispiel: Er hat ein Liebeslied *für* <u>die Freundin</u> komponiert.

» direktes Objekt bei Sätzen mit mehreren Objekten

Beispiel: Er singt der Freundin <u>das Lied</u> vor.

(siehe auch Übersicht Genitiv, Dativ oder Akkusativ, Seite 110)

Bildung

	bestimmter Artikel	unbestimmter Artikel
maskulin	den Vater	einen Vater
feminin	die Mutter	eine Mutter
neutral	das Kind	ein Kind
Plural	die Eltern	Eltern

Beachte:

» Alle Formen (außer den maskulinen) entsprechen dem Nominativ.
» Einige maskuline Nomen haben im Genitiv, Dativ und Akkusativ die Endung n bzw. en.

Beispiele: maskuline Nomen auf *e*: der Junge – den Jungen
maskuline Nomen auf *ent*: der Assistent – den Assistenten
weitere, z. B. der Herr – den Herrn,
der Mensch – den Menschen

Verben und Präpositionen, die Akkusativ verlangen

» Es gibt viele Verben, die ein Akkusativobjekt haben. Einige typische sind:

bestellen, bezahlen, buchen, kaufen, verkaufen
besuchen, treffen, kennen
hören, sehen, verstehen, fragen, vergessen
lesen, schreiben, zählen, lernen
essen, trinken, rauchen
haben, besitzen, tragen
verstecken, suchen, finden
legen, setzen, stellen (+ Präposition)

» Präpositionen, die Akkusativ verlangen, sind:

durch, ... entlang, für, gegen, ohne, um

» Einige Verben und Präpositionen können wir mit Akkusativ oder Dativ verwenden. Akkusativ nehmen wir, wenn wir fragen können „Wohin?".

hängen, stecken
an, auf, hinter, in, neben, über, unter, vor, zwischen

PERSONALPRONOMEN

(PERSÖNLICHES FÜRWORT)

Mit Personalpronomen können wir ein bereits genanntes Nomen ersetzen, über uns selbst sprechen bzw. andere Personen ansprechen. Personalpronomen werden dekliniert.

	Singular					Plural		
	1. Pers.	2. Pers.	3. Person			1. Pers.	2. Pers.	3. Pers.
Nominativ	ich	du	er	sie	es	wir	ihr	sie
Dativ	mir	dir	ihm	ihr	ihm	uns	euch	ihnen
Akkusativ	mich	dich	ihn	sie	es	uns	euch	sie

» Personalpronomen in der 3. Person (er, sie, es) ersetzen normalerweise ein vorher genanntes Nomen.

Beispiel: Ich habe *eine Katze*. Sie ist sehr niedlich.

Um Missverständnisse zu vermeiden, sollte immer klar sein, welches Nomen wir ersetzen (im Zweifelsfall lieber das Nomen wiederholen).

Beispiel: *Herr Schneider* hatte *einen Wellensittich*. Er ist gestorben.
(Wer – der Wellensittich oder Herr Schneider?)

» Das Pronomen es kann auch für unpersönliche Formen stehen.

Beispiel: Es regnet. Es ist schon spät.

» Das Pronomen es kann außerdem Platzhalter für einen ganzen Satzteil sein, der weiter hinten im Satz steht.

Beispiel: Es freut mich, dass du mich besuchst.
(*anstelle von:* Dass du mich besuchst, freut mich.)

» Personalpronomen in der 1. Person (ich, wir) verwenden wir, wenn wir über uns selbst sprechen.

Beispiel: Ich habe Hunger. Mir ist kalt.
Wir gehen ins Kino. Uns ist das egal.

» Wenn wir andere Personen ansprechen, verwenden wir die Personalpronomen in der 2. Person (du, ihr) oder die Höflichkeitsform Sie (entspricht der 3. Person Plural, das Pronomen wird aber großgeschrieben).

Beispiel: Wie heißt du? Wie geht es dir?
Woher kommt ihr? Welche Musik gefällt euch?
Können Sie das bitte wiederholen? Kann ich Ihnen helfen?

Possessivpronomen

(POSSESSIVBEGLEITER, BESITZANZEIGENDES FÜRWORT)

Possessivpronomen zeigen Besitz/Zugehörigkeit an. Sie werden dekliniert und passen ihre Endung an das Nomen an (siehe Deklination, Seite 60).

Possessivpronomen als Begleiter

Possessivpronomen als Begleiter stehen wie ein Artikel vor dem Nomen. Wir nennen sie deshalb oft auch *Possessivartikel*.

Beispiel: Das ist mein *Koffer*. Hast du meinen Koffer gesehen?

		ich	du	er	sie	es	wir	ihr	sie
Nominativ	m/n	mein	dein	sein	ihr	sein	unser	euer	ihr
	f/pl	meine	deine	seine	ihre	seine	unsere	eure	ihre
Genitiv	m/n	meines	deines	seines	ihres	seines	unseres	eures	ihres
	f/pl	meiner	deiner	seiner	ihrer	seiner	unserer	eurer	ihrer
Dativ	m/n	meinem	deinem	seinem	ihrem	seinem	unserem	eurem	ihrem
	f	meiner	deiner	seiner	ihrer	seiner	unserer	eurer	ihrer
	pl	meinen	deinen	seinen	ihren	seinen	unseren	euren	ihren
Akkusativ	m	meinen	deinen	seinen	ihren	seinen	unseren	euren	ihren
	n	mein	dein	sein	ihr	sein	unser	euer	ihr
	f/pl	meine	deine	seine	ihre	seine	unsere	eure	ihre

Possessivpronomen als Ersatz

Possessivpronomen als Ersatz ersetzen ein vorher genanntes Nomen.

Beispiel: Wem gehört der *Koffer*? – Das ist meiner.

		ich	du	er	sie	es	wir	ihr	sie
Nominativ	m	meiner	deiner	seiner	ihrer	seiner	unserer	eurer	ihrer
	n	meins	deins	seins	ihr(e)s	seins	unseres	eures	ihr(e)s
	f/pl	meine	deine	seine	ihre	seine	unsere	eure	ihre
Dativ	m/n	meinem	deinem	seinem	ihrem	seinem	unserem	eurem	ihrem
	f	meiner	deiner	seiner	ihrer	seiner	unserer	eurer	ihrer
	pl	meinen	deinen	seinen	ihren	seinen	unseren	euren	ihren
Akkusativ	m	meinen	deinen	seinen	ihren	seinen	unseren	euren	ihren
	n	meins	deins	seins	ihr(e)s	seins	unseres	eures	ihr(e)s
	f/pl	meine	deine	seine	ihre	seine	unsere	eure	ihre

Reflexivpronomen

(RÜCKBEZÜGLICHES FÜRWORT)

Reflexivpronomen sind die Pronomen *mich/mir, dich/dir, uns, euch, sich*. Wir verwenden sie mit reflexiven und reziproken Verben. Reflexivpronomen beziehen sich immer auf das Subjekt.

	ich	du	er/sie/es	wir	ihr	sie/Sie
Akkusativ	mich	dich	sich	uns	euch	sich
Dativ	mir	dir	sich	uns	euch	sich

» *Reflexive Verben* verwenden die Reflexivpronomen mit der Bedeutung *„sich selbst"*. (siehe auch Reflexive Verben, Seite 26)

Beispiel: Ich dusche mich.
Ich putze mir die Zähne.

» *Reziproke Verben* verwenden die Reflexivpronomen mit der Bedeutung *„einander"*. Reziproke Verben können wir deshalb nur im Plural verwenden. Zu diesen Verben gehören unter anderem:

sich kennen, sich sehen, sich lieben, sich streiten, sich einigen

Beispiel: Ich glaube, wir kennen uns. (= wir kennen einander)
Tom und Albert streiten sich. (= der eine mit dem anderen)

Ich sehe mich.
(ich sehe mich selbst im Spiegel – reflexiv)

Wir sehen uns.
(wir sehen einander; du siehst mich, ich sehe dich – reziprok)

Relativpronomen

(BEZÜGLICHES FÜRWORT)

Relativpronomen leiten Relativsätze ein.

Beispiel: Die Polizei sucht den Mann, der die Bank überfallen hat.
Das ist der Mann, dessen Hut weggeflogen ist.
Wer ist der Mann, dem wir begegnet sind?
Der Mann, den wir gegrüßt haben, ist mein Lehrer.

	maskulin	feminin	neutral	Plural
Nominativ	der/welcher	die/welche	das/welches	die/welche
Genitiv	dessen	deren	dessen	deren
Dativ	dem/welchem	der/welcher	dem/welchem	denen/welchen
Akkusativ	den/welchen	die/welche	das/welches	die/welche

(siehe auch Relativsätze, Seite 92)

Interrogativpronomen

(FRAGEFÜRWORT)

Die Interrogativpronomen sind *wer, was, wem, wen, wessen*. Sie ersetzen im Fragesatz das Nomen, nach dem wir fragen.

Beispiel: Wer hat das gesagt?
Was ist das?/Was hast du gegessen?
Wem hast du das Buch gegeben?
Wen habt ihr angerufen?
Wessen Tasche ist das?

(siehe auch Fragen, Seite 84)

Demonstrativpronomen

(*HINWEISENDES FÜRWORT*)

Demonstrativpronomen verwenden wir, um etwas hervorzuheben.

» Mit *dieser/diese/dieses* und *jener/jene/jenes* wählen wir zum Beispiel etwas Bestimmtes aus einer Gruppe aus.

Beispiel: Welches Auto möchten Sie kaufen, *dieses* oder *jenes*?
Welches Kleid soll ich anziehen? – *Dieses*.

Anstelle von *jener/jene/jenes* bevorzugen wir in der Alltagssprache meist *der/die/das da* bzw. *der/die/das dort*.

Beispiel: Möchten Sie diese Schuhe anprobieren? – Nein, lieber *die dort*.

» Wenn wir etwas besonders betonen wollen, verwenden wir oft *der/die/das*, aber auch *derjenige/diejenige(n)* oder *derselbe/dieselbe/dasselbe*.

Beispiel: Wer ist der Junge? – *Das* weiß ich nicht. *Den* kenne ich nicht.
Derjenige, der das Rätsel zuerst löst, bekommt einen Preis.
Hat sie einen neuen Freund? – Nein, es ist *derselbe* wie neulich.

Die Demonstrativpronomen *der/die/das* deklinieren wir wie Relativpronomen. Das ist vor allem für den Dativ im Plural wichtig.

Beispiel: Wie geht es Jan und Linda? – Keine Ahnung, von *denen* habe ich lange nichts gehört.

» Demonstrativpronomen können wir auch als Begleiter von Nomen einsetzen. Sie unterscheiden sich vom normalen Artikel dadurch, dass sie etwas Bestimmtes hervorheben. Beim Sprechen betonen wir die Demonstrativpronomen deshalb auch besonders.

Beispiel: Mit *der* Kleidung kommst du nicht in *den* Club!

✎ Mit anderer Kleidung würdest du in diesen Club kommen und vielleicht würdest du mit dieser Kleidung auch in einen anderen Club kommen, aber nicht mit dieser Kleidung in diesen Club.

	maskulin	feminin	neutral	Plural
Nominativ	dieser/der	diese/die	dieses/das	diese/die
Genitiv	dieses	dieser	dieses	dieser
Dativ	diesem/dem	dieser/der	diesem/dem	diesen/denen
Akkusativ	diesen/den	diese/die	dieses/das	diese/die

Indefinitpronomen

(UNBESTIMMTES FÜRWORT)

Zu den Indefinitpronomen gehören zum Beispiel *etwas, nichts, man, jemand, jeder*. Wir verwenden sie, wenn wir etwas verallgemeinern und nicht über etwas Konkretes sprechen. Das Subjekt oder Objekt wird nicht näher identifiziert.

Beispiel: Kannst du *etwas* für mich tun? *(allgemein)*
(konkret, zum Beispiel: Kannst du mein Auto waschen?)

» Die Pronomen *etwas* und *nichts* werden nicht dekliniert.

Beispiel: Hast du *etwas* gehört?
Nein, ich habe *nichts* gehört.

» Die Pronomen *jemand, jeder* werden dekliniert.

Beispiel: Ich sollte *jemanden* anrufen, aber ich weiß nicht mehr, wen.
Das kann doch *jedem* mal passieren.

» Das Pronomen *man* wird im Dativ zu *einem* und im Akkusativ zu *einen*. (Die Possessivpronomen von *man* entsprechen denen von *er*.)

Beispiel: So etwas macht *man* nicht! *(Nominativ)*
Ihre Stimme geht *einem* unter die Haut. *(Dativ)*
Der Stress macht *einen* krank. *(Akkusativ)*
Man kann kaum *sein* eigenes Wort hören. *(Possessivpronomen)*

» Um Indefinitpronomen zu verstärken, können wir vor einige Pronomen *irgend-* setzen, zum Beispiel: *irgendjemand/irgendwer, irgendetwas/irgendwas*

Beispiel: *Irgendjemand/Irgendwer* wird uns schon helfen.
Irgendetwas/Irgendwas hat er doch gesagt, oder?

	jemand	jeder	jede	jedes	man
Nominativ	jemand	jeder	jede	jedes	man
Dativ	jemandem	jedem	jeder	jeden	einem
Akkusativ	jemanden	jeden	jede	jedes	einen

Deklination

Nominativ

(1. Fall, Wer-Fall)

Der Nominativ ist die Grundform der Pronomen. Im Nominativ steht das Subjekt des Satzes – die Kontrollfrage nach dem Subjekt lautet „Wer/Was?".

Beispiel

Der Junge hat eine Freundin.
Er ist total verliebt.

Sein Herz gehört ihr und ihres gehört ihm.

Verwendung

» Personalpronomen ersetzen ein bekanntes (oft zuvor genanntes) Nomen.
Beispiel: *Der Junge* hat eine Freundin. Er ist total verliebt.

» Possessivpronomen können ein Nomen begleiten oder ersetzen.
Beispiel: Sein Herz gehört ihr … (Begleiter)
… und ihres gehört ihm. (Ersatz – statt *ihr Herz*)

Bildung

Personalpronomen und Possessivbegleiter

	Personal-pronomen	Possessivpronomen (Begleiter)	
		mask. + neutral	fem. + Plural
1. Person Singular	ich	mein	meine
2. Person Singular	du	dein	deine
3. Person Singular *(m)*	er	sein	seine
3. Person Singular *(f)*	sie	ihr	ihre
3. Person Singular *(n)*	es	sein	seine
1. Person Plural	wir	unser	unsere
2. Person Plural	ihr	euer	eure
3. Person Plural	sie	ihr	ihre

Possessivpronomen als Ersatz

	Possessivpronomen (Ersatz)		
	maskulin	neutral	fem. + Plural
1. Person Singular	meiner	meins	meine
2. Person Singular	deiner	deins	deine
3. Person Singular *(m)*	seiner	seins	seine
3. Person Singular *(f)*	ihrer	ihr(e)s	ihre
3. Person Singular *(n)*	seiner	seins	seine
1. Person Plural	uns(e)rer	unseres	unsere
2. Person Plural	eu(e)rer	eures	eure
3. Person Plural	ihrer	ihr(e)s	ihre

Beachte:

Auch wenn wir Possessivpronomen mit „Wessen?“ erfragen können, dürfen wir nicht automatisch denken, dass es sich um den Genitiv handelt. Für die Frage nach dem Fall müssen wir nämlich immer auch das Nomen dazuzählen:

Beispiel: Wer/Was gehört ihr? – sein Herz *(Nominativ)*

Genitiv

(2. Fall, Wessen-Fall)

Den Genitiv verwenden wir, um eine Zugehörigkeit anzuzeigen. Außerdem steht der Genitiv nach bestimmten Präpositionen, Verben und Adjektiven. Die Kontrollfrage nach dem Genitiv lautet „Wessen?".

Beispiel

Das ist Hansi, der Wellensittich meiner Schwester. Sein Gefieder ist grün.

Meine Schwester ist zurzeit auf Dienstreise. Wegen ihrer Dienstreise passe ich anstelle meiner Schwester auf Hansi auf.

Trotz seines vorlauten Schnabels ist er ein ganz witziger Vogel. Er freut sich seines Lebens.

Verwendung

- zeigt Zugehörigkeit an

  Beispiel: Das ist Hansi, der Wellensittich meiner Schwester.

- bei bestimmten Präpositionen, z. B. *wegen, anstelle, trotz* (s. rechte Seite)

  Beispiel: *Wegen* ihrer Dienstreise passe ich *anstelle* meiner Schwester auf Hansi auf.
  Trotz seines vorlauten Schnabels ist er ein ganz witziger Vogel.

- nach bestimmten Verben (Genitivobjekt), z. B. *sich einer Sache freuen* (s. rechte Seite)

  Beispiel: Er *freut sich* seines Lebens.

Im Genitiv verwenden wir nur begleitende Possessivpronomen. Personalpronomen sowie Possessivpronomen als Ersatz können nicht im Genitiv stehen.

Bildung

	Possessivpronomen (Begleiter)	
	maskulin + neutral	feminin + Plural
1. Person Singular	meines	meiner
2. Person Singular	deines	deiner
3. Person Singular *(m)*	seines	seiner
3. Person Singular *(f)*	ihres	ihrer
3. Person Singular *(n)*	seines	seiner
1. Person Plural	unseres	unserer
2. Person Plural	eures	eurer
3. Person Plural	ihres	ihrer

Präpositionen, die Genitiv verlangen, sind:

anstelle/an Stelle, aufgrund/auf Grund, während, wegen
außerhalb, oberhalb, unterhalb, innerhalb
beiderseits, diesseits, jenseits, unweit, entlang ..., links, rechts
nördlich, östlich, südlich, westlich
trotz, ungeachtet

Verben, die Genitiv verlangen, sind zum Beispiel:

jemanden einer Sache anklagen, beschuldigen, bezichtigen, überführen
sich einer Sache brüsten, enthalten, rühmen, schämen, erinnern, freuen
einer Sache gedenken, Herr werden, bedürfen

Adjektive, die Genitiv verlangen, sind zum Beispiel:

einer Sache kundig, mächtig, (un)würdig, überdrüssig sein

Beachte

Das Pronomen im folgenden Satz steht nicht im Genitiv:

Sein Gefieder ist grün.

Um den Fall zu bestimmen, müssen wir immer das Nomen dazuzählen.

Also: Wer/Was ist grün? – sein Gefieder
(*nicht:* ~~Wessen Gefieder ist grün?~~)

Dativ

(3. Fall, Wem-Fall)

Den Dativ verwenden wir nach bestimmten Verben und Präpositionen. Die Kontrollfrage nach dem Dativ lautet „Wem/Was?".

Das Dativobjekt ist auch bekannt als indirektes Objekt. In Sätzen mit mehreren Objekten ist das indirekte Objekt normalerweise eine Person, für welche eine Handlung bestimmt ist.

Beispiel

Das ist Tobias. In der Kantine hat man ihm sein Essen gegeben, aber das Essen schmeckt ihm nicht.

Hamburger zählen nicht gerade zu seinem Lieblingsessen. Zu meinem auch nicht.

Verwendung

» nach bestimmten Verben (Dativobjekt), z. B. *schmecken, helfen, antworten*

Beispiel: Das Essen *schmeckt* ihm nicht.

» nach bestimmten Präpositionen: *aus, bei, mit, nach, seit, von, zu*

Beispiel: Burger zählen nicht *zu* seinem Lieblingsessen.
Zu meinem auch nicht.

» indirektes Objekt in Sätzen mit mehreren Objekten

Beispiel: In der Kantine hat man ihm sein Essen gegeben.

(siehe auch Übersicht Genitiv, Dativ oder Akkusativ, Seite 110)

Bildung

	Personalpronomen	Possessivpronomen (Begleiter, Ersatz)		
		maskulin + neutral	feminin	Plural
1. Person Singular	mir	meinem	meiner	meinen
2. Person Singular	dir	deinem	deiner	deinen
3. Person Singular *(m)*	ihm	seinem	seiner	seinen
3. Person Singular *(f)*	ihr	ihrem	ihrer	ihren
3. Person Singular *(n)*	ihm	seinem	seiner	seinen
1. Person Plural	uns	unserem	unserer	unseren
2. Person Plural	euch	eurem	eurer	euren
3. Person Plural	ihnen	ihrem	ihrer	ihren

Verben und Präpositionen, die Dativ verlangen

» Es gibt viele Verben, die ein Dativobjekt haben. Einige typische sind:

antworten, zuhören, zustimmen, widersprechen
glauben, vertrauen, folgen
helfen, gratulieren, danken
gehorchen, verzeihen
gehören, gefallen
leidtun, wehtun
liegen, sitzen, stehen (+ Präposition)

» Präpositionen, die Dativ verlangen, sind:

aus, aus ... heraus, außer, bei, dank, gegenüber,
mit, nach, seit, von, von ... aus, zu, bis zu, ... zufolge

» Einige Verben und Präpositionen können wir mit Dativ oder Akkusativ verwenden. Dativ verwenden wir, wenn wir fragen können „Wo?".

hängen, stecken
an, auf, hinter, in, neben, über, unter, vor, zwischen

Akkusativ

(4. Fall, Wen-Fall)

Den Akkusativ verwenden wir nach bestimmten Verben und Präpositionen. Die Kontrollfrage nach dem Akkusativ lautet „Wen/Was?".

Beispiel

Karin sucht ihren Hut. Ohne ihn will sie nicht aus dem Haus gehen.

Sie hat nur den Hut ihres Vaters gefunden, nicht ihren. Jemand muss ihn ihr weggenommen haben.

Verwendung

» nach bestimmten Verben (Akkusativobjekt), z. B. *suchen, finden, …*

Beispiel: Karin *sucht* ihren Hut.
Sie *hat* nur den Hut ihres Vaters *gefunden*, nicht ihren.

» nach bestimmten Präpositionen: *durch, für, gegen, ohne, um*

Beispiel: *Ohne* ihn will sie nicht aus dem Haus gehen.

» direktes Objekt in Sätzen mit mehreren Objekten

Beispiel: Jemand muss ihn ihr weggenommen haben.

Beachte:

Verwenden wir für das direkte Objekt ein Pronomen, dann rutscht das direkte Objekt vor das *indirekte Objekt*.

Jemand muss *Karin* den Hut weggenommen haben.
Jemand muss *ihr* den Hut weggenommen haben.
Jemand muss ihn *Karin* weggenommen haben.
Jemand muss ihn *ihr* weggenommen haben.

Bildung

	Personalpronomen	Possessivpronomen (Begleiter, Ersatz)			
		maskulin	neutral		feminin + Plural
			Begleiter	Ersatz	
1. Person Singular	mich	meinen	mein	meins	meine
2. Person Singular	dich	deinen	dein	deins	deine
3. Person Singular *(m)*	ihn	seinen	sein	seins	seine
3. Person Singular *(f)*	sie	ihren	ihr	ihr(e)s	ihre
3. Person Singular *(n)*	es	seinen	sein	seins	seine
1. Person Plural	uns	unseren	unser	unsers	unsere
2. Person Plural	euch	euren	euer	eures	eure
3. Person Plural	sie	ihren	ihr	ihr(e)s	ihre

Beachte

» Alle Formen (außer den maskulinen) entsprechen dem Nominativ.

Verben und Präpositionen, die Akkusativ verlangen

» Es gibt viele Verben, die ein Akkusativobjekt haben. Einige typische sind:
bestellen, bezahlen, buchen, kaufen, verkaufen
besuchen, treffen, kennen
hören, sehen, verstehen, fragen, vergessen
lesen, schreiben, zählen, lernen
essen, trinken, rauchen
haben, besitzen, tragen
verstecken, suchen, finden
legen, setzen, stellen (+ Präposition)

» Präpositionen, die Akkusativ verlangen, sind:
durch, ... entlang, für, gegen, ohne, um

» Einige Verben und Präpositionen können wir mit Akkusativ oder Dativ verwenden. Akkusativ verwenden wir, wenn wir fragen können „Wohin?".
hängen, stecken
an, auf, hinter, in, neben, über, unter, vor, zwischen
(siehe auch Übersicht Genitiv, Dativ oder Akkusativ, Seite 110)

Allgemeines

Adjektive sind Eigenschaftswörter. Sie geben an, *wie* jemand oder etwas ist. Wir können Adjektive prädikativ, adverbial und attributiv verwenden.

Beispiel

Der Clown ist lustig. Er springt lustig herum. Er ist ein sehr lustiger Clown. So einen lustigen Clown habe ich noch nie gesehen.

» Prädikative und adverbiale Adjektive bleiben in ihrer Form immer gleich, egal ob das Nomen maskulin, feminin oder neutral ist, im Plural steht oder dekliniert wird.

- Prädikative Adjektive nennen wir Adjektive, die nach den Verben *sein/ bleiben/werden* stehen.

  Beispiel: Der Clown *ist* lustig.

- Adverbiale Adjektive nennen wir Adjektive, die nach allen anderen Verben (außer *sein/bleiben/werden*) stehen.

  Beispiel: Der Clown *springt* lustig *herum.*

» Attributive Adjektive stehen zwischen Artikel und Nomen. Diese Adjektive müssen wir deklinieren und ihre Endung ändern, je nachdem, ob das Nomen maskulin, feminin oder neutral ist, im Singular oder im Plural steht (siehe Seite 71).

Beispiel: der lustige Clown/ein lustiger Clown/einen lustigen Clown

Bildung von Adjektiven

Bildung von Adjektiven aus anderen Wörtern

Einige Adjektive lassen sich bilden, indem wir an Nomen, Verben oder andere Adjektive eine zusätzliche Silbe anhängen.

Adjektive aus Adjektiven

Adjektive aus Adjektiven bilden wir fast immer mit der Endung *lich*. Wir betonen, dass etwas ungefähr die Eigenschaft des eigentlichen Adjektivs hat.

Beispiel: etwas ist nicht richtig *blau*, aber es schimmert bläulich

Manchmal ändert sich die Bedeutung:

Beispiel: klein (= *nicht groß*) – kleinlich (= *geizig, engstirnig*)

Adjektive aus Nomen

Adjektive aus Nomen bilden wir normalerweise, indem wir einfach die Adjektivendung anhängen. Allerdings entfallen dabei die Endungen (z. B. *ung, ik*) des Nomens. Auch ein *e* am Ende des Nomens fällt weg.

Endung	Nomen	Adjektiv	Beispiel
-lich	die Feier	feierlich	eine feierliche Stimmung
-ig	der Schmutz	schmutzig	die schmutzige Wäsche
-haft	der Traum	traumhaft	ein traumhafter Abend
-sam	die Mühe	mühsam	eine mühsame Arbeit
-isch	Europa	europäisch	ein europäisches Land
-ern	das Holz	hölzern	die hölzerne Brücke

Adjektive aus Verben

Bei Verben entfernen wir die Endung *en*, bevor wir die Adjektivendung anhängen. Auch die Partizipien können wir als Adjektive verwenden.

	Verb	Adjektiv	Beispiel
-bar	lösen	lösbar	eine lösbare Aufgabe
-sam	schweigen	schweigsam	ein schweigsames Kind
Partizip I	fragen	fragend	ein fragender Blick
Partizip II	gefährden	gefährdet	eine gefährdete Tierart

Deklination/Flektion

Nur attributive Adjektive passen sich in Genus, Numerus und Kasus (Geschlecht, Zahl und Fall) dem Nomen an. Prädikative und adverbiale Adjektive ändern sich nicht. Zur Verwendung der Fälle siehe Deklination im Kapitel Nomen (Seite 46 ff.).

Beispiel

Die kleine Katze liegt auf dem weichen Kissen des gemütlichen Sessels und träumt von einer großen Schale leckerer Milch.

Adjektivendungen

	bestimmter Artikel			unbestimmter Artikel			ohne Artikel			
	m	f/n	Pl	m	f	n	m	f	n	Pl
Nominativ	-e	-e	-en	-er	-e	-es	-er	-e	-es	-e
Genitiv	-en			-en	-en	-en	-en	-er	-en	-er
Dativ	-en			-en	-en	-en	-em	-er	-em	-en
Akkusativ	-en	-e	-en	-en	-e	-es	-en	-e	-es	-e

Besonderheiten bei der Bildung

» Endet das Adjektiv auf *e*, fügen wir kein zusätzliches e ein.
Beispiel: leise – ein leiser Junge (*nicht:* ein ~~leiseer~~ Junge)

» Endet das Adjektiv auf *el/er*, entfällt das e von *el/er.*
Beispiel: teuer – ein teures Hotel (*nicht:* ein ~~teueres~~ Hotel)
dunkel – ein dunkler Wald (*nicht:* ein ~~dunkeler~~ Wald)

» Das Adjektiv *hoch* ist unregelmäßig: c entfällt beim attributiven Adjektiv.
Beispiel: hoch – ein hohes Haus (*nicht:* ein ~~hoches~~ Haus)

Maskulin

	best. Artikel	unbest. Artikel	ohne Artikel
Nominativ	der nette Vater	ein netter Vater	netter Vater
Genitiv	des netten Vaters	eines netten Vaters	netten Vaters
Dativ	dem netten Vater	einem netten Vater	nettem Vater
Akkusativ	den netten Vater	einen netten Vater	netten Vater

Feminin

	best. Artikel	unbest. Artikel	ohne Artikel
Nominativ	die nette Mutter	eine nette Mutter	nette Mutter
Genitiv	der netten Mutter	einer netten Mutter	netter Mutter
Dativ	der netten Mutter	einer netten Mutter	netter Mutter
Akkusativ	die nette Mutter	eine nette Mutter	nette Mutter

Neutral

	best. Artikel	unbest. Artikel	ohne Artikel
Nominativ	das nette Kind	ein nettes Kind	nettes Kind
Genitiv	des netten Kindes	eines netten Kindes	netten Kindes
Dativ	dem netten Kind	einem netten Kind	nettem Kind
Akkusativ	das nette Kind	ein nettes Kind	nettes Kind

Plural

	best. Artikel	ohne Artikel
Nominativ	die netten Eltern	nette Eltern
Genitiv	der netten Eltern	netter Eltern
Dativ	den netten Eltern	netten Eltern
Akkusativ	die netten Eltern	nette Eltern

Steigerungsformen

Steigerungsformen verwenden wir, wenn wir etwas miteinander vergleichen. Es gibt drei Steigerungsstufen: *positive Form, Komparativ, Superlativ*.

Beispiel

Maria läuft so schnell wie Susanne. Friederike läuft schneller als Maria. Friederike läuft am schnellsten. Sie ist die schnellste Läuferin.

Positive Form

Die *positive Form* ist die Grundform des Adjektivs, die wir bei Vergleichen mit *so ... wie* verwenden.

Beispiel: Maria läuft *so* schnell *wie* Susanne.

Weitere Wendungen für positive Vergleiche sind:

- genauso ... wie
- nicht so ... wie
- fast so ... wie
- doppelt so ... wie
- halb so ... wie

Komparativ

Der *Komparativ* ist die erste Steigerungsform. Wir bilden den Komparativ mit *als* und hängen an das Adjektiv die Endung er an.

Beispiel: Friederike läuft schneller *als* Maria.

Superlativ

Der *Superlativ* ist die höchste Steigerungsform. Vor dem Adjektiv steht *am* oder der *bestimmte Artikel*. An das Adjektiv hängen wir ste(n) an.

Beispiel: Friederike läuft *am* schnellsten.
Sie ist *die* schnellste Läuferin.

Besonderheiten bei der Steigerung

Allgemeine Besonderheiten

» Adjektive, die auf *d/t* oder auf *s/ß/x/z* enden, bilden den Superlativ normalerweise mit est.

Beispiel: laut – lauter – am lautesten
heiß – heißer – am heißesten

» Einsilbige Adjektive bilden die Steigerung oft mit Umlaut.

Beispiel: jung – jünger – am jüngsten

» Einige Adjektive werden unregelmäßig gesteigert (siehe Tabelle).

Beispiel: gut – besser – am besten

unregelmäßige Steigerungsformen		
Positiv	Komparativ	Superlativ
gut	besser	best-
viel	mehr	meist-
nah	näher	nächst-
hoch	höher	höchst-
groß	größer	größt-

Besonderheiten bei attributiven Adjektiven

» Attributive Adjektive müssen wir in allen Steigerungsformen deklinieren. Dabei hängen wir zuerst die Endung der Steigerungsform an und dann die Endung der Deklination. Den Superlativ bilden attributive Adjektive immer mit dem bestimmten Artikel.

Beispiel: der kleine Junge/der kleinere Junge/der kleinste Junge
ein kleiner Junge/ein kleinerer Junge/der kleinste Junge

Besonderheiten bei adverbialen/prädikativen Adjektiven

» Adverbiale Adjektive bilden den Superlativ immer mit am, an das Adjektiv hängen wir die Endung sten an.

Beispiel: wichtig – wichtiger – am wichtigsten

» Prädikative Adjektive können den Superlativ nicht nur mit *am*, sondern auch mit dem *bestimmten Artikel* bilden. Verwenden wir den bestimmten Artikel, hängen wir die Endung ste an.

Beispiel: Diese Aufgabe ist *am* wichtigsten.
Diese Aufgabe ist *die* wichtigste.

Allgemeines

Adverbien (auch *Umstandswörter* genannt) sind unveränderliche Wörter, mit denen wir Angaben über Ort, Zeit, Grund oder Art und Weise machen.

Beispiel

Gestern war ich mit Freunden auf einem Rockkonzert. Rolf und ich kamen später, deshalb wollten die anderen drinnen auf uns warten – sie standen bereits ganz vorn an der Bühne. Aber dort drängten sich die Fans, also blieben Rolf und ich weiter hinten stehen.

Als das Konzert anfing, begannen die Fans so laut zu kreischen, dass man kaum etwas verstand. Aber die Besucher des Konzerts waren größtenteils junge Mädchen, die schon beim ersten Song reihenweise umfielen. Danach standen wir bald bei unseren Freunden.

Typen von Adverbien

Adverbien des Ortes (Lokaladverbien)

Adverbien des Ortes erfragen wir mit „Wo/Wohin/Woher?“. Zu den Adverbien des Ortes gehören zum Beispiel:

aufwärts, außen, da, dort, drinnen, fort, hier, hierhin, hinein, hinten, irgendwo, links, nebenan, oberhalb, überall, unten, vorn, ...

Adverbien der Zeit (Temporaladverbien)

Adverbien der Zeit erfragen wir mit „Wann/Wie lange/Wie oft/Bis wann/Seit wann?“. Zu den Adverbien der Zeit gehören zum Beispiel:

bald, bereits, bisher, danach, davor, einst, endlich, freitags, gestern, inzwischen, neulich, nie, oft, regelmäßig, sofort, stets, täglich, vorhin, zurzeit, ...

Adverbien des Grundes (Kausaladverbien)

Adverbien des Grundes erfragen wir mit „Wieso/Weshalb/Warum/Unter welcher Bedingung?“. Zu den Adverbien des Grundes gehören zum Beispiel:

also, dadurch, darum, demnach, demzufolge, deshalb, folglich, ...halber (anstandshalber, sicherheitshalber, ...), nämlich, somit, trotzdem, ...

Adverbien der Art und Weise (Modaladverbien)

Adverbien der Art und Weise erfragen wir mit „Wie/Wie sehr/Wie viel?“. Zu den Adverbien der Art und Weise gehören zum Beispiel:

anders, äußerst, beinahe, bekanntlich, ebenfalls, fast, folgendermaßen, ganz, genauso, genug, gern, hoffentlich, kaum, leider, möglicherweise, sehr, so, vergeblich, vielleicht, wirklich, ...

Adverbien der Art und Weise können auch Angaben über die Menge machen.

größtenteils, hauptsächlich, reihenweise, ...weise, ...

Relativadverbien

(siehe Relativsätze, Seite 92)

Konjunktionaladverbien

Mit einigen Adverbien können wir Sätze verknüpfen. Weil diese Adverbien als Konjunktionen dienen, heißen sie Konjunktionaladverbien. Dazu gehören zum Beispiel:

außerdem, danach, deshalb, folglich, schließlich, trotzdem, zuvor, ...

Der mit einem Konjunktionaladverb beginnende Teilsatz hat folgende Form:
Konjunktionaladverb + finites Verb + Subjekt + Rest vom Satz

Beispiel: Es war so tolles Wetter, *trotzdem* blieb er zu Hause und lernte.

Konjunktionaladverbien können nicht gesteigert werden.

(siehe auch Sätze mit Konjunktionen, Seite 86)

Steigerung von Adverbien

Auch wenn Adverbien normalerweise unveränderlich sind, können wir einige von ihnen steigern:

Positiv	Komparativ	Superlativ
bald	eher	am ehesten
gern	lieber	am liebsten
oft	häufiger/öfter	am häufigsten
sehr	mehr	am meisten

Bei einigen anderen Adverbien können wir mit *weiter/am weitesten* eine Art Steigerung bilden.

Beispiel: Rolf und ich blieben *weiter hinten* stehen.
Rolf stand *am weitesten hinten.*

Stellung von Adverbien

Adverbien stehen normalerweise hinter dem finiten Verb oder am Satzanfang.

Beispiel: Ich war *gestern* mit Freunden auf einem Rockkonzert.
Gestern war ich mit Freunden auf einem Rockkonzert.

Wenn das Adverb am Satzanfang steht, müssen wir die Wortstellung im Satz ändern (Adverb + finites Verb + Subjekt). In diesem Fall kann das zweite Adverb auch hinter dem Subjekt stehen.

Beispiel: …, *deshalb* wollten die anderen *drinnen* auf uns warten.
…, *deshalb* wollten *drinnen* die anderen auf uns warten.
…, die anderen wollten *deshalb drinnen* auf uns warten.
…, *drinnen* wollten *deshalb* die anderen auf uns warten.
…, *drinnen* wollten die anderen *deshalb* auf uns warten.

In einigen Fällen muss das zweite Adverb sogar hinter dem Subjekt stehen.

Beispiel: *Danach* standen wir *bald* bei unseren Freunden.
(*nicht:* ~~Danach standen bald wir bei unseren Freunden.~~)

Allgemeines

Präpositionen (auch *Verhältniswörter* genannt) sind kurze Wörter, die wir meist mit einem Nomen/Pronomen verwenden. Sie geben an, in welchem Verhältnis andere Wörter zueinander stehen.

Verwendung

Nach der Beziehung zu anderen Wörtern unterteilen wir die Präpositionen in lokale, temporale, modale und kausale Präpositionen. Viele Präpositionen können aber zu mehr als einer Gruppe gehören.

Präpositionen des Ortes (lokal)

Präpositionen des Ortes erfragen wir mit „Wo/Wohin/Woher?". Einige typische Präpositionen dieser Gruppe sind: *an, auf, hinter, in, neben, vor, zu.*

Beispiel

Gustav kommt aus einer kleinen Stadt. Er wohnt in einem Haus an der Hauptstraße, neben einem Hotel.

Präpositionen der Zeit (temporal)

Präpositionen der Zeit erfragen wir mit „Wann/Wie lange?". Einige typische Präpositionen dieser Gruppe sind: *an, bis, gegen, in, nach, seit, um, von, vor.*

Beispiel

Von Montag bis Freitag bin ich verreist. Mein Flug geht am Montag um 9 Uhr. Gegen 11 Uhr werde ich ankommen.

Präpositionen der Art und Weise (modal)

Präpositionen der Art und Weise erfragen wir mit „Wie?". Einige typische Präpositionen dieser Gruppe sind: *mit, ohne, gegen.*

Beispiel

Ohne Mühe fuhr sie mit dem Fahrrad gegen den Wind den Berg hinauf und sang dabei ein Lied auf Englisch.

Präpositionen des Grundes/Ziels (kausal)

Präpositionen des Grundes/Ziels erfragen wir mit „Wieso/Warum/Weswegen/Aus welchem Grund?". Einige typische Präpositionen dieser Gruppe sind: *anlässlich, aufgrund, dank, trotz, ungeachtet, wegen, ... zufolge.*

Beispiel

Aufgrund des Sturmes hatten wir gestern Stromausfall. Aber dank der Kerzen wurde es ein ganz gemütlicher Abend.

Verbindung mit Artikeln

Präposition und Artikel werden oft zu einem Wort zusammengezogen.

Präposition	Präposition + Artikel	Beispiel
an	an dem = am	Ich warte am Kino.
bei	bei dem = beim	Beim Spielen hat er die Zeit vergessen.
in	in dem = im in das = ins	Ich bin im Wohnzimmer. Kommst du auch ins Wohnzimmer?
von	von dem = vom	Ich komme gerade vom Einkaufen.
zu	zu dem = zum zu der = zur	Ich gehe zum Sport. Wir gehen zur Disko.

Präpositionen und Fälle

Jede Präposition verlangt einen bestimmten Fall, in dem wir das zugehörige Wort (Nomen, Pronomen, Artikel) verwenden müssen.

Präpositionen, die Genitiv verlangen

» **aufgrund/auf Grund, wegen**

Beispiel: Aufgrund/Wegen *der Hitze* fiel der Unterricht aus.

» **trotz, ungeachtet**

Beispiel: Das Flugzeug startete trotz/ungeachtet *aller Warnungen*.

» **anstelle/an Stelle/statt**

Beispiel: Anstelle *eines Badeurlaubs* machten sie Urlaub in den Bergen.
Statt *der Suppe* brachte der Kellner mir einen Salat.

» **beiderseits, diesseits, jenseits, entlang, oberhalb, unterhalb, außerhalb**

Beispiel: Entlang/Diesseits *des Flusses* stehen Bäume.

» **links, rechts, nördlich, östlich, südlich, westlich, unweit**

Beispiel: Er wohnt östlich/unweit *der Grenze*.

» **während**

Beispiel: Sie lernten sich während *der Konferenz* kennen.

Präpositionen, die Akkusativ verlangen

» **um, um ... herum, durch, ... entlang**

Beispiel: Er geht um *das Haus* (herum).
Gehen Sie durch *den Tunnel* und dann *die Straße* entlang!

» **für, gegen, ohne**

Beispiel: Ohne *dich* haben wir keine Chance gegen *die andere Mannschaft*. Also nimm dir für *den Sonntag* nichts anderes vor!

Präpositionen, die Dativ verlangen

» **aus, aus … heraus**

Beispiel: Er kommt aus *dem Haus* (heraus).

» **außer**

Beispiel: Außer *mir* war niemand auf der Straße.

» **bei, zu, bis zu**

Beispiel: Ich fahre zu *einer Freundin* und bleibe bis zum *Sonntag* bei *ihr.*

» **mit, nach**

Beispiel: Nach *der Arbeit* fuhr sie mit *dem Bus* nach Hause.

» **seit**

Beispiel: Maria lernt seit *einem Jahr* Deutsch.

» **von, von … aus**

Beispiel: Von *der Kreuzung* (aus) ist es nicht mehr weit.

» **… zufolge**

Beispiel: *Dem Bericht* zufolge ist das Produkt sehr zu empfehlen.

Präpositionen, die Akkusativ/Dativ verlangen

Einige Präpositionen verwenden wir manchmal mit Akkusativ und manchmal mit Dativ. Akkusativ nehmen wir, wenn wir eine Bewegung (Wohin?) ausdrücken wollen. Dativ nehmen wir, wenn es um eine Position (Wo?) geht.

» **an, auf, über, unter**

Beispiel: Er legt das Buch auf *den Tisch.* (Wohin? – Akkusativ)
Das Buch liegt auf *dem Tisch.* (Wo? – Dativ)

» **hinter, neben, vor, zwischen**

Beispiel: Er geht vor *das Haus.* (Wohin? – Akkusativ)
Er steht vor *dem Haus.* (Wo? – Dativ)

Beispiel

Er geht vor *das Haus.*

Er steht vor *dem Haus.*

Allgemeines

Die Wortstellung im Satz ist ein wichtiges Thema in der deutschen Sprache.

Dank der Fälle wissen wir normalerweise, ob ein Nomen/Pronomen in einem Satz als Subjekt oder Objekt verwendet wird. Deshalb können wir das Objekt auch an den Satzanfang stellen.

Beispiel

Der Hund fängt <u>den Ball</u>.

<u>Den Ball</u> fängt *der Hund*.
(Objekt am Satzanfang)

Das Objekt an den Satzanfang zu stellen, gibt uns mehr Möglichkeiten bei der Gestaltung von Texten. Es wirkt im Deutschen nämlich unschön und langweilig, wenn in einem Text jeder Satz mit dem Subjekt beginnt.

Beachte:

Andere Sprachen (z. B. Englisch, Französisch, Spanisch) kennen keine Fälle. Anders als im Deutschen müssen wir uns in diesen Sprachen immer an die strenge Wortstellung Subjekt-Prädikat-Objekt halten, sonst würde man Folgendes verstehen:

Der Ball fängt <u>den Hund</u>.

Hauptsätze

Hauptsätze sind Sätze, die alleine stehen können. Normalerweise bestehen Sie mindestens aus Subjekt, und Objekt.

Wortstellung im Hauptsatz

» Das Subjekt steht oft an 1. Position. (Wenn ein anderes Element an 1. Position steht, rutscht das Subjekt hinter das finite Verb.)

» Das finite Verb steht immer an 2. Stelle.

» Infinite Formen (Infinitiv, Partizip II) stehen am Satzende.

1. Position		finites Verb	Subjekt	indirektes Objekt	Zeit	Ort	direktes Objekt*	Partizip II Infinitiv
Subjekt	Ich	habe		dir	gestern	im Bus	das Buch	gegeben.
ind. Objekt	Dir	habe	ich		gestern	im Bus	das Buch	gegeben.
dir. Objekt	Das Buch	habe	ich	dir	gestern	im Bus		gegeben.
Zeit	Gestern	habe	ich	dir		im Bus	das Buch	gegeben.
Ort	Im Bus	habe	ich	dir	gestern		das Buch	gegeben.

* Mit bestimmtem Artikel (*den, die, das*) kann das direkte Objekt auch hinter dem indirekten Objekt stehen (aber nicht mit unbestimmtem Artikel).

Beispiel: Ich habe dir das Buch gestern im Bus gegeben.
(*aber nicht:* ~~Ich habe dir ein Buch gestern im Bus gegeben.~~)

Negative Sätze

» Zur Negation von Verben, bei Nomen mit bestimmtem Artikel und bei Pronomen verwenden wir in negativen Sätzen nicht.

Beispiel: Er *schläft*. – Er *schläft* nicht.
Das ist *das* Haus von Alex. – Das ist nicht *das* Haus von Alex.
Ich habe *dich* gerufen. – Ich habe *dich* nicht gerufen.
Ich habe *seine* Adresse. – Ich habe *seine* Adresse nicht.

» Bei Nomen ohne Artikel und anstelle eines unbestimmten Artikels verwenden wir normalerweise kein. Die Endungen von kein entsprechen denen der Possessivartikel (siehe Übersicht, Seite 107).

Beispiel: Ich habe Hunger. – Ich habe keinen Hunger.
Das ist *eine* Katze. – Das ist keine Katze.

Fragen

Fragen ohne Fragewort (Entscheidungsfragen)

Fragen ohne Fragewort sind Fragen, die wir mit *Ja/Nein* beantworten können. Das finite Verb steht bei diesen Fragen an 1. Position. An 2. Position folgt das Subjekt. Die anderen Satzglieder (Objekt, Zeit, Ort usw.) stehen in derselben Reihenfolge wie im Hauptsatz (siehe Hauptsätze, Seite 83).

Beispiel: Habe ich dir das Buch gegeben?

Fragen mit Fragewort (Ergänzungsfragen)

Das Fragewort steht normalerweise am Satzanfang. Danach folgen das finite Verb und die anderen Satzglieder. Der Teil vom Satz, nach dem wir fragen, fällt weg (er wird durch das Fragewort ersetzt).

Beispiel: Wann habe ich dir das Buch gegeben?
(*Gestern* habe ich dir das Buch gegeben.)

Bei Fragen nach dem Objekt mit Präposition steht die Präposition vor dem Fragewort.

Beispiel: *Mit* wem gehst du ins Kino?
Für wen ist das Geschenk?

Bei Fragen nach dem Subjekt steht das finite Verb in der 3. Person Einzahl.

Beispiel: Wer hat dir das Buch gegeben?

Indirekte Fragen

Indirekte Fragen verwenden wir in Nebensätzen. Der Satzbau unterscheidet sich von der normalen Frage – das finite Verb steht bei der indirekten Frage am Satzende (*Fragewort + Subjekt + Objekt + Verb*).

Beispiel: Wann hat er Zeit? – Ich weiß nicht, wann er Zeit hat.
Was hat sie gesagt? – Ich sage dir nicht, was sie gesagt hat.

Bei Fragen ohne Fragewort verwenden wir in der indirekten Frage *ob*.

Beispiel: Kommt sie morgen? – Er fragt, *ob* sie morgen kommt.

Typische Fragewörter

	Verwendung – Frage nach …	Beispiel
wer	Subjekt (Person)	*Wer* hat dir das Buch gegeben? – Der Lehrer.
wem	Dativobjekt, indirektes Objekt (Person)	*Wem* hast du das Buch gegeben? – Meiner Freundin.
wen	Akkusativobjekt, direktes Objekt (Person)	*Wen* habt ihr gesehen? – Unseren Trainer.
was	Subjekt oder Objekt, wenn es keine Person ist	*Was* ist das? – Das ist ein Handy. *Was* habt ihr gesehen? – Einen Regenbogen.
	Tätigkeit	*Was* machst du da? – Ich lese.
wessen	Zugehörigkeit	*Wessen* Auto ist das? – Das ist Toms Auto.
wo	Ort (Position)	*Wo* ist der Bahnhof? – Gleich um die Ecke.
wohin	Ort (Richtung)	*Wohin* geht ihr? – Wir gehen zum Bahnhof.
woher	Ort (Herkunft)	*Woher* kommst du? – Ich komme aus Deutschland.
wann	Zeitpunkt	*Wann* habt ihr gefrühstückt? – Um 7 Uhr.
wie	Art und Weise (Adjektiv)	*Wie* geht es dir? – Gut.
warum/ weshalb/ wieso	Grund für eine Handlung	*Warum* kommst du so spät? – Weil der Zug Verspätung hatte.
wozu	Ziel einer Handlung	*Wozu* willst du Karate lernen? – Um mich zu verteidigen.
welche(r/s)	Auswahl	*Welches* Auto gefällt dir besser? – Das rote.

Fragen mit Präposition + was

Fragen mit *Präposition + was* sind sehr umgangssprachlich. In der Standardsprache bevorzugen wir *wo + Präposition* (als ein Wort).

Beispiel: *Mit was* kann ich helfen?
besser: Womit kann ich helfen?

Beginnt die Präposition mit einem Vokal, fügen wir zwischen *wo* und *Präposition* ein r̲ ein.

Beispiel: *An was* denkst du?
besser: Wor̲an denkst du?

Sätze mit Konjunktionen

Wir können Teilsätze mit Konjunktionen, Subjunktionen und Konjunktionaladverbien verbinden. Dabei müssen wir aber immer den Satzbau beachten.

Konjunktionen

Zu den Konjunktionen gehören zum Beispiel: *aber, denn, oder, und.*

Im Teilsatz, der mit der Konjunktion eingeleitet wird, ist der Satzbau genauso wie in einem normalen Hauptsatz (*Konjunktion + Subjekt + finites Verb + ...*).

Beispiel: Er spricht gut Deutsch, <u>denn</u> *er war* ein Jahr in Deutschland.

Subjunktionen

Zu den Subjunktionen (untergeordnete Konjunktionen) gehören zum Beispiel: *bevor, da, dass, falls, weil, wenn.*

Im Teilsatz, der mit einer Subjunktion eingeleitet wird, steht das finite Verb am Satzende (*Subjunktion + Subjekt + ... + finites Verb*).

Beispiel: Er spricht gut Deutsch, *weil* <u>er</u> ein Jahr in Deutschland <u>war</u>.

Mit einer Subjunktion eingeleitete Nebensätze heißen Konjunktionalsätze.

Konjunktionaladverbien

Konjunktionaladverbien sind zum Beispiel: *dann, schließlich, trotzdem, zuvor.*

Im Teilsatz, der mit dem Konjunktionaladverb eingeleitet wird, steht das finite Verb vor dem Subjekt (*Konjunktion + finites Verb + Subjekt + ...*).

Beispiel: Er spricht gut Deutsch, <u>schließlich</u> *war er* ein Jahr in Deutschland.

Auf der gegenüberliegenden Seite sind die wichtigsten Konjunktionen, Subjunktionen und Konjunktionaladverbien aufgelistet.

Konjunktionen und Satzbau

	Konjunktionen	Subjunktionen	Konjunktional-adverbien
Satzbau	*Konjunktion + Subjekt + finites Verb + …*	*Subjunktion + Subjekt + … + finites Verb*	*Konjunktionaladverb + finites Verb + Subjekt + …*
Beispiel	Er spricht gut Deutsch, denn *er war* ein Jahr in Deutschland.	Er spricht gut Deutsch, weil *er* ein Jahr in Deutschland *war*.	Er spricht gut Deutsch, schließlich *war er* ein Jahr in Deutschland.
Liste	aber denn doch oder sondern und	als bevor bis da damit dass ehe falls indem nachdem obwohl seit seitdem sodass solange sooft während weil wenn wohingegen	allerdings also andererseits anschließend außerdem dabei dadurch dafür dagegen damit danach dann darauf darum davor dazu deshalb deswegen einerseits ferner folglich genauso immerhin inzwischen jedoch schließlich seitdem später trotzdem vorher weder … noch zuvor zwar

Nebensätze

Nebensätze können nicht alleine stehen – sie sind immer einem anderen Teilsatz untergeordnet. Wir erkennen einen Nebensatz normalerweise daran, dass das finite Verb am Ende des Teilsatzes steht.

Beispiel: Ich weiß nicht, ob er dir hilft.

Steht ein Nebensatz am Satzanfang vor einem Hauptsatz, dann beginnt der Hauptsatz mit dem finiten Verb (weil der Nebensatz die 1. Position ausfüllt).

Beispiel: Ob er dir hilft, weiß ich nicht.

Typen von Nebensätzen

Es gibt zwei Kriterien, nach denen wir Nebensätze aufteilen können.

» **nach der Funktion im Satz**, dabei unterscheiden wir:

- Adverbialsätze
- Attributsätze
- Objektsätze
- Subjektsätze

» **nach der Verknüpfung mit anderen Satzteilen**, dabei unterscheiden wir:

- indirekte Fragen
- Infinitivsätze
- Konjunktionalsätze
- Partizipialsätze
- Relativsätze

Adverbialsätze

Adverbialsätze werden normalerweise mit einer untergeordneten Konjunktion (Subjunktion) eingeleitet. Wir unterscheiden verschiedene Arten von Adverbialsätzen:

Typ	Bedeutung	typische Konjunktion	Beispiel
Adversativsatz	Gegensatz	wohingegen	Ihm fällt Mathe leicht, wohingegen ich keine Ahnung von Mathe habe.
Finalsatz	Zweck	damit	Sei ruhig, damit ich schlafen kann.
Kausalsatz	Grund	da, weil	Da er krank war, blieb er zu Hause.
Konditionalsatz	Bedingung	falls, wenn	Wenn du willst, kannst du gehen.
Konsekutivsatz	Folge	dass, sodass	Er hatte so viel gelernt, dass er die Prüfung nicht fürchten musste.
Konzessivsatz	etwas zum Trotz	obwohl	Sie gingen baden, obwohl das Wasser eiskalt war.
Lokalsatz	Ort	wo, woher, wohin	Wo sie ihren Urlaub verbringen, ist es sehr warm.
Modalsatz	Art und Weise	indem	Er bereitete sich auf den Marathon vor, indem er täglich trainierte.
Temporalsatz	Zeit	nachdem, bevor, seit	Bevor wir sie besuchen, müssen wir noch ein Geschenk kaufen.

Attributsätze

Attributsätze machen nähere Angaben zu einem Subjekt oder Objekt. Attributivsätze erfragen wir mit „Welcher/Welche/Welches/Welchen/Welchem?“. Normalerweise handelt es sich hierbei um Relativsätze.

Beispiel: Das ist der Mann, den ich gesehen habe. (Welcher Mann?)
Kaufst du den Hut, der dir so gefällt? (Welchen Hut?)
Hilf bitte dem Mädchen, das dort sitzt! (Welchem Mädchen?)
Wir gedenken der Opfer, die gestorben sind. (Welcher Opfer?)

Objektsätze

Der Objektsatz ist ein Nebensatz, der ein Objekt (Genitiv-, Dativ- oder Akkusativobjekt) ersetzt. Objektsätze erfragen wir mit „Wessen/Wem/Wen/Was?".

Beispiel: Er ist sich bewusst, dass seine Tat Konsequenzen hat.
(Wessen ist er sich bewusst? – Genitivobjekt)

Ich helfe, wem ich will.
(Wem/Was helfe ich? – Dativobjekt)

Ich sehe nicht, wer da kommt.
(Wen/Was sehe ich nicht? – Akkusativobjekt)

Ich wollte, dass er bleibt.
(Was wollte ich? – Akkusativobjekt)

Subjektsätze

Der Subjektsatz ist ein Nebensatz, der ein Subjekt ersetzt. Subjektsätze erfragen wir mit „Wer/Was?".

Beispiel: Wer fleißig lernt, wird belohnt. (Wer/Was wird belohnt?)
Es ist doch klar, dass ich dir helfe. (Wer/Was ist klar?)

Infinitivsätze

Der Infinitivsatz ergänzt eine Aussage mit dem Infinitiv + *zu*.

Beispiel: Ich bin froh, dich zu sehen.
Er hofft, nächste Woche wieder gesund zu sein.

Wenn wir eine Folge angeben wollen (Wozu?), verwenden wir *um zu*.

Beispiel: Er ist hier, *um* uns *zu* helfen.

Indirekte Fragen

Mit indirekten Fragen ergänzen wir bestimmte Wendungen, zum Beispiel:

- Ich weiß nicht, ...
- Er fragt, ...
- Ich verstehe nicht, ...
- Sie möchte wissen, ...
- Ich sage dir nicht, ...
- Können Sie mir sagen, ...?

Bei indirekten Fragen steht das finite Verb am Satzende. Gibt es kein Fragewort, verwenden wir in der indirekten Frage *ob*.

Beispiel: Wann hat er Zeit? – Ich weiß nicht, wann er Zeit hat.
Kommt sie morgen? – Er fragt, *ob* sie morgen kommt.

Bei einer indirekten Frage verwenden wir normalerweise kein Fragezeichen (siehe Beispiel oben). Das Fragezeichen steht nur, wenn die indirekte Frage Teil einer echten Frage ist.

Beispiel: Können Sie mir sagen, wie ich zum Bahnhof komme?

Konjunktionalsätze

Sätze, die mit einer untergeordneten Konjunktion eingeleitet werden, nennen wir Konjunktionalsätze. (siehe Sätze mit Konjunktionen, Seite 86)

Beispiel: Er spricht gut Deutsch, *weil* er ein Jahr in Deutschland war.

Partizipialsätze

Partizipialsätze sind Nebensätze mit Partizip I oder Partizip II. Sie beziehen sich immer auf das Subjekt des zugehörigen Hauptsatzes.

Beispiel: Nervös um sich *schauend*, stand der Räuber vor der Bank.
Auf dem Land *geboren* und *aufgewachsen*, liebt sie die Natur.

Relativsätze

Mit einem Relativsatz können wir zusätzliche Informationen geben, ohne einen neuen Satz zu beginnen. Im Deutschen stehen Relativsätze immer in Kommas.

Beispiel

Das sind die Freunde, mit denen ich viel Zeit verbringe. Bodo, den ich schon ewig kenne, ist sehr lustig. Toni, der eine Brille trägt, geht in meine Klasse. Linda, deren Lächeln bezaubernd ist, kann toll tanzen.

Verwendung

Relativsätze enthalten Zusatzinformationen zu einem Subjekt oder Objekt. Normalerweise stehen sie direkt hinter dem Subjekt/Objekt, auf das sie sich beziehen – das kann am Ende des Hauptsatzes oder mitten im Satz sein.

Nominativ: Toni, der eine Brille trägt, geht in meine Klasse.
(Toni trägt eine Brille. – Wer?)

Genitiv: Linda, deren Lächeln bezaubernd ist, kann toll tanzen.
(Lindas Lächeln ist bezaubernd. – Wessen Lächeln?)

Dativ: Das sind die Freunde, mit denen ich viel Zeit verbringe.
(Mit den Freunden verbringe ich viel Zeit. – Mit wem?)

Akkusativ: Bodo, den ich schon ewig kenne, ist sehr lustig.
(Bodo kenne ich schon ewig. – Wen?)

Bildung

Relativsätze bilden wir mit Relativpronomen oder Relativadverbien.

Relativpronomen

Relativpronomen werden flektiert, das heißt: sie passen sich in Genus, Numerus und Kasus dem Nomen an, auf das sie sich beziehen.

	Nominativ	Genitiv	Dativ	Akkusativ
maskulin (m)	der/welcher	dessen	dem/welchem	den/welchen
feminin (f)	die/welche	deren	der/welcher	die/welche
neutral (n)	das/welches	dessen	dem/welchem	das/welches
Plural (pl)	die/welche	deren	denen/welchen	die/welche

Welchen Fall wir verwenden, hängt davon ab, ob das Relativpronomen im Relativsatz ein Subjekt oder ein Objekt ersetzt. Beachte aber, dass wir im Relativsatz häufig einen anderen Fall verwenden müssen als im Hauptsatz.

Beispiel: Bodo, den ich schon ewig kenne, ist sehr lustig.

✎ Bodo ist sehr lustig. (Wer? – Nominativ im Hauptsatz)
Bodo kenne ich schon ewig. (Wen? – Akkusativ im Relativsatz)

Verwendung von Relativpronomen

» In der Alltagssprache verwenden wir normalerweise eher die Relativpronomen der/die/das. Für welcher/welche/welches entscheiden wir uns meist, um Wiederholungen des gleichen Wortes zu vermeiden.

Beispiel: Das ist die Frau, die *die* Post austrägt.
besser: Das ist die Frau, welche *die* Post austrägt.

» Vor dem Relativpronomen kann eine Präposition stehen.

Beispiel: Das sind die Freunde, mit denen ich viel Zeit verbringe.

Relativadverbien

Relativadverbien ändern ihre Form nicht. Oft beziehen sie sich auf einen ganzen Satz. Zu den Relativadverbien zählen zum Beispiel: *was, wo, womit, wofür, worüber.*

Beispiel: Er spricht fünf Fremdsprachen, was mich sehr beeindruckt.
Ich warte dort, wo wir uns immer treffen.
Christian unterstützte mich, wofür ich ihm sehr dankbar bin.
Sybille besuchte uns, worüber wir uns sehr freuten.

Konditionalsätze

(Bedingungssätze)

Konditionalsätze drücken aus, dass eine Handlung nur unter einer bestimmten Bedingung stattfindet.

Beispiel

Mutter: „Markus, ich will heute Nachmittag einen Kuchen backen. Kannst du mir helfen?“

Markus: „Wenn ich heute Nachmittag Zeit habe, helfe ich dir.“

Mutter: „Markus, kannst du mir beim Kuchenbacken helfen?“

Markus: „Wenn ich Zeit hätte, würde ich dir helfen. Aber ich muss noch Hausaufgaben machen.“

Mutter: „Jetzt ist der Kuchen fertig. Du wolltest mir doch helfen!?“

Markus: „Wenn ich Zeit gehabt hätte, hätte ich dir geholfen. Aber meine Hausaufgaben ...“

Reale Bedingung

Hier beschreiben wir eine Bedingung, von der wir denken, dass sie erfüllbar ist (*Vielleicht habe ich später Zeit.*). In beiden Satzteilen verwenden wir Präsens.

Beispiel: Wenn ich Zeit habe, helfe ich dir.

Irreale Bedingung (Gegenwart)

Hier beschreiben wir eine Bedingung, die in der Gegenwart nicht erfüllt ist (*Ich habe keine Zeit.*). In beiden Satzteilen verwenden wir Konjunktiv II für Situationen in der Gegenwart (oder die würde-Form).

Beispiel: Wenn ich Zeit hätte, würde ich dir helfen.
Wenn ich Zeit hätte, hülfe/hälfe ich dir.

Irreale Bedingung (Vergangenheit)

Hier beschreiben wir eine Bedingung, die in der Vergangenheit nicht erfüllt wurde (*Ich hatte keine Zeit.*). In beiden Satzteilen verwenden wir Konjunktiv II für Situationen in der Vergangenheit.

Beispiel: Wenn ich Zeit gehabt hätte, hätte ich dir geholfen.

Anmerkungen zum Satzbau

Die Bedingung (*Zeit haben*) steht im Nebensatz und beginnt mit *wenn*. *Wenn* ist eine Subjunktion – das finite Verb muss am Ende des Teilsatzes stehen. (siehe Liste Konjunktionen und Satzbau, Seite 87)

Beispiel: Wenn ich Zeit habe, ...
Wenn ich Zeit hätte, ...
Wenn ich Zeit gehabt hätte, ...

Die von der Bedingung abhängige Handlung (*helfen*) steht im Hauptsatz. Wenn ein Satz mit einer Bedingung (Nebensatz) beginnt, steht das Subjekt des Hauptsatzes hinter dem finiten Verb.

Beispiel: Ich helfe dir, wenn ich Zeit habe.
→ Wenn ich Zeit habe, helfe ich dir.

Indirekte Rede

Wenn wir berichten, was jemand gesagt hat, verwenden wir meist nicht den originalen Wortlaut (wörtliche Rede), sondern geben den Inhalt nur sinngemäß wieder – wir verwenden die indirekte Rede.

Die indirekte Rede wird durch Wendungen eingeleitet, wie zum Beispiel:

- Er sagt(e), ...
- Sie meint(e), ...
- Er behauptet(e), ...
- Sie gibt/gab an, ...
- Er erklärt(e), ...
- Sie erzählt(e), ...
- Er stellt(e) fest, ...
- Sie fragt(e), ...
- Er berichtet(e), ...

Beispiel

Mandy sitzt im Café, in dem Jan arbeitet. Er erzählt ihr Folgendes: „Ich habe eine Fernsehmoderatorin gesehen. Sie war gestern hier und hat ein Eis gegessen."

Eine Woche später telefoniert Mandy mit einer Freundin: „Ich habe Jan neulich im Café getroffen. Er sagte, er habe eine Fernsehmoderatorin gesehen. Sie sei am Tag zuvor dort gewesen und habe ein Eis gegessen."

Beim Umwandeln von der direkten in die indirekte Rede müssen wir folgende Punkte beachten:

» Änderung der Pronomen

Beispiel: Er sagte: „Ich habe eine Fernsehmoderatorin gesehen."
Er sagte, er habe eine Fernsehmoderatorin gesehen.

» Änderung der Verbform (meist im Konjunktiv, siehe Seite 98)

Beispiel: Er sagte: „Sie hat ein Eis gegessen."
Er sagte, sie habe ein Eis gegessen.

» wenn nötig, Änderung der Orts- und Zeitangaben

Beispiel: Er sagte: „Sie war gestern hier."
Er sagte, sie sei am Tag zuvor dort gewesen.

Aussagesätze

Aussagesätze in der indirekten Rede können wir ohne Konjunktion oder mit *dass* an den Einleitungssatz anhängen.

Beispiel: Er sagte: „Ich habe eine Fernsehmoderatorin gesehen."
Er sagte, er habe/hat eine Fernsehmoderatorin gesehen.
Er sagte, *dass* er eine Fernsehmoderatorin gesehen habe/hat.

Fragesätze

Ergänzungsfragen leiten wir in der indirekten Rede mit dem Fragewort ein.

Beispiel: Ich fragte: „Wie sah sie aus?"
Ich fragte, *wie* sie ausgesehen habe/aussah.

Bei Entscheidungsfragen (Fragen ohne Fragewort) beginnen wir die indirekte Rede mit *ob*.

Beispiel: Ich fragte: „Hat sie dir Trinkgeld gegeben?"
Ich fragte, *ob* sie ihm Trinkgeld gegeben habe/hat.

(siehe auch indirekte Fragen, Seite 91)

Aufforderungen/Bitten

Bei Aufforderungen in der indirekten Rede verwenden wir normalerweise das Modalverb *sollen*. Wollen wir besonders höflich klingen, nehmen wir *mögen* (hauptsächlich gehobene Sprache).

Beispiel: Er sagte zu mir: „Sei nicht so neugierig!"
Er sagte, ich solle/soll nicht so neugierig sein.

Er sagte dem Gast: „Kommen Sie bitte etwas später wieder."
Er sagte, der Gast möge doch bitte etwas später wiederkommen.

Wir können Aufforderungen und Bitten jedoch auch mit einem Infinitivsatz ausdrücken. Eventuell müssen wir dafür aber einen anderen Einleitungssatz wählen.

Beispiel: Er forderte mich auf, nicht so neugierig zu sein.
Er bat den Gast, doch bitte etwas später wiederzukommen.

Indikativ oder Konjunktiv

Die indirekte Rede können wir im Indikativ und im Konjunktiv wiedergeben. In der gesprochenen Alltagssprache verwenden wir sehr häufig den Indikativ. In der geschriebenen Sprache bevorzugen wir normalerweise den Konjunktiv.

» Verwenden wir *Indikativ*, könnte man daraus schließen, dass wir dem Original-Sprecher glauben bzw. zustimmen.

Beispiel: Walter sagt, *dass* er krank ist.
Walter sagt, er ist krank.

» Verwenden wir *Konjunktiv*, wird deutlich, dass wir nur wiederholen, was der Original-Sprecher gesagt hat (egal, ob wir ihm glauben oder nicht). Der Konjunktiv ist also eine neutrale Form. Deshalb wird in Nachrichten und Zeitungsartikeln die indirekte Rede immer im Konjunktiv wiedergegeben.

Beispiel: Walter sagt, dass er krank sei.
Walter sagt, er sei krank.

Wiedergabe der Zeiten im Konjunktiv

Geben wir die indirekte Rede im Konjunktiv wieder, verwenden wir normalerweise die Formen von Konjunktiv I (es sei denn, diese stimmt mit dem Indikativ überein, siehe rechte Seite).

<table>
<tr><th></th><th>direkte Rede</th><th>indirekte Rede</th></tr>
<tr><td>Präsens</td><td>„Ich gehe.“
„Ich lese.“</td><td>Er sagt, er gehe.
Er sagt, er lese.</td></tr>
<tr><td>Perfekt</td><td>„Ich bin gegangen.“
„Ich habe gelesen.“</td><td rowspan="3">Er sagt, er sei gegangen.
Er sagt, er habe gelesen.</td></tr>
<tr><td>Präteritum</td><td>„Ich ging.“
„Ich las.“</td></tr>
<tr><td>Plusquamperfekt</td><td>„Ich war gegangen.“
„Ich hatte gelesen.“</td></tr>
<tr><td>Futur I</td><td>„Ich werde gehen.“
„Ich werde lesen.“</td><td>Er sagt, er werde gehen.
Er sagt, er werde lesen.</td></tr>
<tr><td>Futur II</td><td>„Ich werde gegangen sein.“
„Ich werde gelesen haben.“</td><td>Er sagt, er werde gegangen sein.
Er sagt, er werde gelesen haben.</td></tr>
</table>

Verwendung von Konjunktiv II und „würde"

Stimmt eine Form des Konjunktivs mit dem Indikativ überein, müssen wir auf andere Formen ausweichen, um deutlich zu machen, dass alle Formen konjunktivisch sind.

» Stimmt die Form von Konjunktiv I mit dem Indikativ überein, nehmen wir den Konjunktiv II. Dies ist vor allem der Fall bei der 1. Person Einzahl *(ich)* sowie der 1. und 3. Person Plural *(wir, sie)*. Oft bevorzugen wir auch in der 2. Person *(du, ihr)* den Konjunktiv II.

Beispiel: Er sagte: „Sie haben auf uns gewartet."
Er sagte, dass sie auf uns gewartet hätten.
(*statt:* ~~Er sagte, dass sie auf uns gewartet haben.~~)

» Stimmt die Form von Konjunktiv II wiederum mit dem Präteritum des Indikativs überein, verwenden wir die Umschreibung mit *würde*.

Beispiel: Er sagte: „Sie lachen viel."
Er sagte, dass sie viel lachen würden.
(*statt:* ~~Er sagte, dass sie viel lachten.~~)

Beachte:

Verwenden wir in der indirekten Rede Konjunktiv II, obwohl Konjunktiv I möglich wäre, könnte man daraus schließen, dass wir an der Wahrheit der Aussage zweifeln.

Beispiel: Walter sagt, er sei krank. (neutral)
Walter sagt, er wäre krank. (Zweifel, ob es stimmt)

Zeitformen

Zeitform	Bildung (schwache Verben) lernen	Bildung (starke Verben) sehen	Anwendung
Präsens *Gegenwart*	ich lerne du lernst er lernt wir lernen ihr lernt sie lernen	ich sehe du siehst er sieht wir sehen ihr seht sie sehen	• Zustand oder Handlung in der Gegenwart • Handlung in der Zukunft, die bereits vereinbart ist
Perfekt *vollendete Gegenwart*	ich habe du hast er hat wir haben ihr habt sie haben } gelernt	ich habe du hast er hat wir haben ihr habt sie haben } gesehen	• abgeschlossene Handlung in der Vergangenheit • betont, dass die Handlung wirklich abgeschlossen ist
Präteritum *Vergangenheit* *Imperfekt*	ich lernte du lerntest er lernte wir lernten ihr lerntet sie lernten	ich sah du sahst er sah wir sahen ihr saht sie sahen	• Zustand oder abgeschlossene Handlung in der Vergangenheit • Erzählungen, Berichte

Zeitform	Bildung (schwache Verben) lernen	Bildung (starke Verben) sehen	Anwendung
Plusquamperfekt *Vorvergangenheit*	ich hatte du hattest er hatte wir hatten ihr hattet sie hatten } gelernt	ich hatte du hattest er hatte wir hatten ihr hattet sie hatten } gesehen	• Handlung vor einem bestimmten Zeitpunkt in der Vergangenheit
Futur I *Zukunft*	ich werde du wirst er wird wir werden ihr werdet sie werden } lernen	ich werde du wirst er wird wir werden ihr werdet sie werden } sehen	• Absicht, Vermutung, Hoffnung für die Zukunft oder Gegenwart
Futur II *vollendete Zukunft*	ich werde du wirst er wird wir werden ihr werdet sie werden } gelernt haben	ich werde du wirst er wird wir werden ihr werdet sie werden } gesehen haben	• Vermutung über Vergangenes • Vermutung, Hoffnung über etwas, das bis zu einem bestimmten Zeitpunkt in der Zukunft geschehen sein wird

Starke und gemischte Verben

Infinitiv	Präteritum	Partizip II	Vokalwechsel im Präsens
backen	backte/buk	gebacken	a → ä
befehlen	befahl	befohlen	e → ie
beginnen	begann	begonnen	
beißen	biss	gebissen	
bergen	barg	geborgen	e → i
biegen	bog	gebogen	
bieten	bot	geboten	
binden	band	gebunden	
bitten	bat	gebeten	
blasen	blies	geblasen	a → ä
bleiben	blieb	geblieben	
braten	briet	gebraten	a → ä; du brätst, er brät
brechen	brach	gebrochen	e → i
brennen	brannte	gebrannt	
bringen	brachte	gebracht	
denken	dachte	gedacht	
dreschen	drosch	gedroschen	e → i
dringen	drang	gedrungen	
dürfen	durfte	gedurft	ü → a (alle Formen Singular)
empfehlen	empfahl	empfohlen	e → ie
erschrecken	erschrak	erschrocken	e → i
essen	aß	gegessen	e → i
erwägen	erwog	erwogen	
fahren	fuhr	gefahren	a → ä
fallen	fiel	gefallen	a → ä
fangen	fing	gefangen	a → ä
finden	fand	gefunden	
fliegen	flog	geflogen	
fliehen	floh	geflohen	
fließen	floss	geflossen	

Infinitiv	Präteritum	Partizip II	Vokalwechsel im Präsens
fressen	fraß	gefressen	e → i
frieren	fror	gefroren	
gären	gor	gegoren	
gebären	gebar	geboren	ä → ie
geben	gab	gegeben	e → i
gedeihen	gedieh	gediehen	
gehen	ging	gegangen	
gelingen	gelang	gelungen	
gelten	galt	gegolten	e → i; du giltst, er gilt
genesen	genas	genesen	
genießen	genoss	genossen	
geschehen	geschah	geschehen	e → ie
gewinnen	gewann	gewonnen	
gießen	goss	gegossen	
gleichen	glich	geglichen	
gleiten	glitt	geglitten	
graben	grub	gegraben	a → ä
greifen	griff	gegriffen	
haben	hatte	gehabt	
halten	hielt	gehalten	a → ä; du hältst, er hält
hängen	hing	gehangen	
hauen	haute	gehauen	
heben	hob	gehoben	
heißen	hieß	geheißen	
helfen	half	geholfen	e → i
kennen	kannte	gekannt	
klingen	klang	geklungen	
kneifen	kniff	gekniffen	
kommen	kam	gekommen	
können	konnte	gekonnt	ö → a (alle Formen Singular)
kriechen	kroch	gekrochen	
laden	lud	geladen	a → ä; du lädst, er lädt

Infinitiv	Präteritum	Partizip II	Vokalwechsel im Präsens
lassen	ließ	gelassen	a → ä
laufen	lief	gelaufen	a → ä
leiden	litt	gelitten	
leihen	lieh	geliehen	
lesen	las	gelesen	e → ie
liegen	lag	gelegen	
lügen	log	gelogen	
meiden	mied	gemieden	
messen	maß	gemessen	e → i
misslingen	misslang	misslungen	
mögen	mochte	gemocht	ö → a (alle Formen Singular)
müssen	musste	gemusst	ü → u (alle Formen Singular)
nehmen	nahm	genommen	e → i
nennen	nannte	genannt	
pfeifen	pfiff	gepfiffen	
preisen	pries	gepriesen	
quellen	quoll	gequollen	e → i
raten	riet	geraten	a → ä; du rätst, er rät
reiben	rieb	gerieben	
reißen	riss	gerissen	
reiten	ritt	geritten	
rennen	rannte	gerannt	
riechen	roch	gerochen	
ringen	rang	gerungen	
rinnen	rann	geronnen	
rufen	rief	gerufen	
saufen	soff	gesoffen	a → ä
schaffen	schuf	geschaffen	
scheiden	schied	geschieden	
scheinen	schien	geschienen	
schelten	schalt	gescholten	e → i; du schiltst, er schilt
scheren	schor	geschoren	

Infinitiv	Präteritum	Partizip II	Vokalwechsel im Präsens
schieben	schob	geschoben	
schießen	schoss	geschossen	
schinden	schindete	geschunden	
schlafen	schlief	geschlafen	a → ä
schlagen	schlug	geschlagen	a → ä
schleichen	schlich	geschlichen	
schließen	schloss	geschlossen	
schlingen	schlang	geschlungen	
schmeißen	schmiss	geschmissen	
schmelzen	schmolz	geschmolzen	e → i
schneiden	schnitt	geschnitten	
schreiben	schrieb	geschrieben	
schreien	schrie	geschrien	
schreiten	schritt	geschritten	
schweigen	schwieg	geschwiegen	
schwellen	schwoll	geschwollen	e → i
schwimmen	schwamm	geschwommen	
schwinden	schwand	geschwunden	
schwingen	schwang	geschwungen	
schwören	schwor	geschworen	
sehen	sah	gesehen	e → ie
sein	war	gewesen	unregelmäßig
singen	sang	gesungen	
sinken	sank	gesunken	
sinnen	sann	gesonnen	
sitzen	saß	gesessen	
sollen	sollte	gesollt	
speien	spie	gespien	
spinnen	spann	gesponnen	
sprechen	sprach	gesprochen	e → i
sprießen	spross	gesprossen	
springen	sprang	gesprungen	

Infinitiv	Präteritum	Partizip II	Vokalwechsel im Präsens
stechen	stach	gestochen	e → i
stehen	stand	gestanden	
stehlen	stahl	gestohlen	e → ie
steigen	stieg	gestiegen	
sterben	starb	gestorben	e → i
streichen	strich	gestrichen	
streiten	stritt	gestritten	
tragen	trug	getragen	a → ä
treffen	traf	getroffen	e → i
treiben	trieb	getrieben	
treten	trat	getreten	e → i (+tt); du trittst, er tritt
trinken	trank	getrunken	
trügen	trog	getrogen	
tun	tat	getan	
verderben	verdarb	verdorben	e → i
vergessen	vergaß	vergessen	e → i
verlieren	verlor	verloren	
wachsen	wuchs	gewachsen	a → ä
waschen	wusch	gewaschen	a → ä
weichen	wich	gewichen	
weisen	wies	gewiesen	
werben	warb	geworben	e → i
werden	wurde	geworden	e → i; unregelmäßig: du wirst
werfen	warf	geworfen	e → i
wiegen	wog	gewogen	
wissen	wusste	gewusst	i → ei (alle Formen Singular)
wollen	wollte	gewollt	o → i (alle Formen Singular)
wringen	wrang	gewrungen	
ziehen	zog	gezogen	
zwingen	zwang	gezwungen	

Deklination

Artikel

	bestimmter Artikel				unbestimmter Artikel			
	Nominativ	Genitiv	Dativ	Akkusativ	Nominativ	Genitiv	Dativ	Akkusativ
maskulin	der	des	dem	den	ein	eines	einem	einen
feminin	die	der	der	die	eine	einer	einer	eine
neutral	das	des	dem	das	ein	eines	einem	ein
Plural	die	der	den	die				

Personalpronomen

Fall	Pronomen								
Nominativ	ich	du	er	sie	es	wir	ihr	sie	Sie
Dativ	mir	dir	ihm	ihr	ihm	uns	euch	ihnen	Ihnen
Akkusativ	mich	dich	ihn	sie	es	uns	euch	sie	Sie

Possessivartikel/-pronomen

	Possessivartikel (Ich lese in meinem Buch.)				Possessivpronomen (Du liest in deinem.)		
	Nominativ	Genitiv	Dativ	Akkusativ	Nominativ	Dativ	Akkusativ
maskulin	–	-es	-em	-en	-er	-em	-en
feminin	-e	-er	-er	-e	-e	-er	-e
neutral	–	-es	-em	–	-(e)s	-em	-(e)s
Plural	-e	-er	-en	-e	-e	-en	-e

Artikel, Nomen und Adjektive

Nomen/Adjektive mit bestimmtem Artikel

		maskulin (m)	feminin (f)	neutral (n)
Singular	Nominativ	der nette Vater	die nette Mutter	das nette Kind
	Genitiv	des netten Vaters	der netten Mutter	des netten Kindes
	Dativ	dem netten Vater	der netten Mutter	dem netten Kind
	Akkusativ	den netten Vater	die nette Mutter	das nette Kind

		maskulin (m)	feminin (f)	neutral (n)
Plural	Nominativ	die netten Väter	die netten Mütter	die netten Kinder
	Genitiv	der netten Väter	der netten Mütter	der netten Kinder
	Dativ	den netten Vätern	den netten Müttern	den netten Kindern
	Akkusativ	die netten Väter	die netten Mütter	die netten Kinder

Nomen/Adjektive mit unbestimmtem Artikel

		maskulin (m)	feminin (f)	neutral (n)
Singular	Nominativ	ein netter Vater	eine nette Mutter	ein nettes Kind
	Genitiv	eines netten Vaters	einer netten Mutter	eines netten Kindes
	Dativ	einem netten Vater	einer netten Mutter	einem netten Kind
	Akkusativ	einen netten Vater	eine nette Mutter	ein nettes Kind

Nomen/Adjektive ohne Artikel

		maskulin (m)	feminin (f)	neutral (n)
Singular	Nominativ	netter Vater	nette Mutter	nettes Kind
	Genitiv	netten Vaters	netter Mutter	netten Kindes
	Dativ	nettem Vater	netter Mutter	nettem Kind
	Akkusativ	netten Vater	nette Mutter	nettes Kind

		maskulin (m)	feminin (f)	neutral (n)
Plural	Nominativ	nette Väter	nette Mütter	nette Kinder
	Genitiv	netter Väter	netter Mütter	netter Kinder
	Dativ	netten Vätern	netten Müttern	netten Kindern
	Akkusativ	nette Väter	nette Mütter	nette Kinder

Adjektivendungen

mit bestimmtem Artikel

	Nominativ	Genitiv	Dativ	Akkusativ
maskulin (m)	-e	-en	-en	-en
feminin (f)	-e	-en	-en	-e
neutral (n)	-e	-en	-en	-e
Plural (pl)	-en	-en	-en	-en

mit unbestimmtem Artikel/ohne Artikel

(ist nur eine Form angegeben, gilt diese Form für Adjektive mit unbestimmtem Artikel und für Adjektive ohne Artikel)

	Nominativ	Genitiv mit/ohne Artikel	Dativ mit/ohne Artikel	Akkusativ
maskulin (m)	-er	-en	-en/-em	-en
feminin (f)	-e	-en/-er	-en/-er	-e
neutral (n)	-es	-en	-en/-em	-es
Plural (ohne Artikel)	-e	-er	-en	-e

Genitiv, Dativ oder Akkusativ

<table>
<tr><th></th><th>Genitiv</th><th colspan="2">Dativ</th><th colspan="2">Akkusativ</th></tr>
<tr><td>Objekt</td><td>Er war des Mordes angeklagt.</td><td colspan="2">Er gibt dem Mann das Buch. (ind. Objekt)</td><td colspan="2">Er gibt dem Mann das Buch. (direktes Objekt)</td></tr>
<tr><td rowspan="3">Verben
(Beispiele)</td><td rowspan="3">jmdn. einer Sache …
anklagen, beschuldigen, bezichtigen, überführen
sich einer Sache …
brüsten, enthalten, rühmen, schämen, erinnern, erfreuen
einer Sache …
gedenken, bedürfen, Herr werden</td><td colspan="2">helfen, glauben, folgen, vertrauen, antworten, zuhören, gratulieren, danken, gehorchen, verzeihen, gehören, gefallen, leidtun, wehtun, zustimmen</td><td colspan="2">bestellen, bezahlen, besuchen, treffen, kennen(lernen), buchen, (ver)kaufen, hören, sehen, fragen, vergessen, verstehen, lesen, zählen, lernen, haben, suchen, finden</td></tr>
<tr><td colspan="2">Wo? – Position
liegen
sitzen
stehen
lehnen</td><td colspan="2">Wohin? – Richtung
(sich) legen
(sich) setzen
(sich) stellen
sich lehnen</td></tr>
<tr><td>Wo?
(Position)</td><td colspan="2">hängen
stecken</td><td>Wohin?
(Richtung)</td></tr>
<tr><td rowspan="2">Präpositionen</td><td rowspan="2">anstelle/an Stelle
aufgrund/auf Grund
außerhalb
oberhalb/unterhalb
innerhalb/außerhalb
beiderseits
diesseits/jenseits
entlang …
links/rechts
nördlich/östlich/
südlich/westlich
trotz
ungeachtet
unweit
während
wegen</td><td colspan="2">aus, aus … heraus
außer
bei
dank
gegenüber
mit
nach
seit
von, von … aus
zu, bis zu
… zufolge</td><td colspan="2">durch
… entlang
für
gegen
ohne
um</td></tr>
<tr><td>Wo?
(Position)</td><td colspan="2">an
auf
hinter
in
neben
über
unter
vor
zwischen</td><td>Wohin?
(Richtung)</td></tr>
</table>

Präpositionen mit Dativ/Akkusativ (Beispiele)

Dativ (Position – Wo?)	Akkusativ (Richtung – Wohin)
① Die Bilder hängen *an* der Wand.	② Der Kater lehnt sich *an* die Wand.
③ Die Katze sitzt *auf* dem Sofa.	④ Die Katze klettert *auf* das Sofa.
⑤ Die Katze ist *hinter* dem Sofa.	⑥ Die Katze kriecht *hinter* das Sofa.
⑦ Der Fisch schwimmt *in* dem Aquarium.	⑧ Die Katze klettert *in* das Aquarium.
⑨ Der Hund liegt *unter* dem Tisch.	⑩ Die Maus geht *unter* den Tisch.

Glossar

Adjektiv *Eigenschaftswort, Wiewort;* weist einem Nomen, Verb oder einem anderen Adjektiv eine Eigenschaft zu

typische Frage: Wie ist jemand/etwas?

(siehe auch: *adverbiales, attributives, prädikatives Adjektiv*)

gut, böse, schnell

Adverb *Umstandswort;* gibt nähere Angaben zu Ort, Zeit, Grund oder Art/Weise, wird nicht dekliniert oder konjugiert

typische Frage: Wo/Wann/Warum/Wie?

hier, gestern, sehr, leider

adverbiales Adjektiv Eigenschaftswort, das ein Verb (außer *sein/bleiben/werden*) näher bestimmt

typische Frage: Wie (läuft, lacht, ...) jemand/etwas?

schnell laufen

laut lachen

adverbiale Bestimmung *Adverbial*; kann ein Adverb oder eine Gruppe von Wörtern sein, gibt nähere Angaben zu Ort, Zeit, Grund oder Art/Weise

typische Frage: Wo/Wohin/Woher/Wie weit/(Seit/Bis) Wann/Wie (viel/sehr/oft/lange)/Woraus/Womit/Wodurch/Wozu/Worüber/Warum?

Ich warte hier.

Ich lerne jeden Tag.

Wir freuen uns auf deinen Besuch.

Er zitterte vor Kälte.

Adverbialsatz Nebensatz anstelle einer adverbialen Bestimmung, meist mit einer Subjunktion eingeleitet

Weil ich verschlafen hatte, verpasste ich den Bus.

Adversativsatz Adverbialsatz, der einen Gegensatz ausdrückt

typische Subjunktion: wohingegen

Er trinkt gern Milch, wohingegen ich darauf allergisch bin.

Akkusativ *4. Fall, Wen-Fall*; einer der vier Fälle bei der Deklination von Artikeln, Nomen, Pronomen und Adjektiven
typische Frage: Wen/Was?

den großen Jungen

Akkusativobjekt *direktes Objekt*; wird in Verbindung mit bestimmten Verben verwendet, in Sätzen mit mehreren Objekten ist das Akkusativobjekt normalerweise das, womit die Handlung ausgeführt wird
typische Frage: Wen/Was?

Ich kenne ihn.
Ich gebe dem Bruder einen Apfel.

Aktiv, Aktivsatz Satz, indem das Subjekt selbst „aktiv" tätig ist (vergleiche: *Passiv*)

Der Mann baut ein Haus.

Artikel *Begleiter;* wird dem Nomen vorangestellt, es gibt bestimmte Artikel (der, die, das), unbestimmte Artikel (ein, eine) und Possessivartikel (mein, deine, unser)

der Tisch
eine Blume
mein Handy

Attribut *Beifügung*; gibt nähere Angaben zu einem Nomen, kann z. B. ein Adjektiv, ein weiteres Nomen, ein Possessivartikel, eine Orts-/ Zeitangabe oder ein ganzer Nebensatz sein
typische Frage: Welche(r/s) ...?

die schwarze Katze
das Fell der Katze
unsere Katze
die Katze im Bett
Die Katze, die im Bett liegt, ist schwarz.

attributives Adjektiv Eigenschaftswort, das ein Nomen näher bestimmt, erhält eine Endung und wird dekliniert
typische Frage: Was für ein(e) ...?

ein schneller Junge
eine laute Stimme

Attributsatz Nebensatz, der nähere Angaben zu einem Subjekt oder Objekt macht (normalerweise in Form eines Relativsatzes)
typische Frage: Welche(r/s)?

Hier ist das Buch, das du unbedingt lesen musst.

Bedingungssatz → *Konditionalsatz*

Befehlsform → *Imperativ*

besitzanzeigendes Fürwort → *Possessivpronomen*

bestimmter Artikel Artikel, der sich auf ein bestimmtes Nomen bezieht

der, die, das

der Tisch, die Katze

Bindewort → *Konjunktion*

Dativ *3. Fall, Wem-Fall*; einer der vier Fälle bei der Deklination von Artikeln, Nomen, Pronomen und Adjektiven

typische Frage: Wem/Was ...?

dem großen Jungen

Dativobjekt *indirektes Objekt*; wird in Verbindung mit bestimmten Verben verwendet

In Sätzen mit mehreren Objekten ist das Dativobjekt normalerweise eine Person, für welche die Handlung bestimmt ist.

typische Frage: Wem/Was?

Ich vertraue ihm.

Ich gebe dem Bruder einen Apfel.

Deklination, deklinieren Einsatz der Fälle, Beugung von Nomen, Artikeln und Adjektiven

der große Junge, dem großen Jungen

Demonstrativpronomen *hinweisendes Fürwort*; weist betonend auf etwas (normalerweise) zuvor Genanntes hin

dieser, jener, das, der

Das weiß ich nicht.

direkte Rede *wörtliche Rede*; Wiedergabe einer Aussage im originalen Wortlaut, immer unter Verwendung von Doppelpunkt und Anführungszeichen

(vergleiche: *indirekte Rede*)

Er sagte: „Ich gehe jeden Tag joggen."

direktes Objekt *Akkusativobjekt*; in Sätzen mit mehreren Objekten ist das direkte Objekt normalerweise das, womit die Handlung ausgeführt wird

typische Frage: Wen/Was?

Ich gebe dem Bruder einen Apfel.

Einzahl → *Singular*

Entscheidungsfrage Frage ohne Fragewort, kann mit Ja/Nein beantwortet werden

Kommst du mit ins Kino?

Ergänzungsfrage Frage mit Fragewort

Wann ist sie gegangen?

feminin, Femininum *weiblich*; grammatisches Geschlecht von Artikeln, Nomen und Pronomen

die Butter, sie

Finalsatz Adverbialsatz, der ein Ziel/einen Zweck ausdrückt

typische Subjunktion: damit

Ich sage das, damit du es dir merkst.

finites Verb gebeugte Verbform, konjugierte Verbform

ich gehe, du bist, er hatte, wir lachten

Flexion, flektieren Beugung von Verben, Artikeln, Nomen, Pronomen, Adjektiven

(vergleiche: *Deklination*, *Konjugation*)

ich gehe, du bist
dem großen Jungen
meine neue Tasche

Frageadverb → *Interrogativadverb*

Fürwort → *Pronomen*

Futur I Zeitform der Zukunft, drückt eine Absicht für die Zukunft oder eine Vermutung für die Gegenwart/Zukunft aus

ich werde gehen

Futur II vollendete Zukunft, drückt die Vermutung aus, dass eine Handlung bis zum Zeitpunkt des Sprechens oder zu einem bestimmten Zeitpunkt in der Zukunft abgeschlossen ist

ich werde gegangen sein

Gegenwart → *Präsens*

gemischtes Verb Verb, das von der Endung her regelmäßig konjugiert wird, aber den Wortstamm ändert, das Partizip II wird mit *ge...t* gebildet

(vergleiche: *schwaches Verb, starkes Verb*)

denken
dachte
gedacht

Genitiv *2. Fall, Wessen-Fall*; einer der vier Fälle bei der Deklination von Artikeln, Nomen, Pronomen und Adjektiven

typische Frage: Wessen ...?

Beachte aber: der Hund des Mannes (Genitiv), sein Hund (kein Genitiv, sondern Possessivartikel)

des großen Jungen

Genitivobjekt wird in Verbindung mit bestimmten Verben verwendet

typische Frage: Wessen?

Der Kandidat enthielt sich der Stimme.

Genus Geschlecht von Nomen und Pronomen (maskulin, feminin, neutral)

der Mann, die Frau, das Kind, er, sie, es

Geschlecht → *Genus*

Grundstufe → *positive Form*

Grundform → *Infinitiv*

Handlungsverb beschreibt eine aktiv/bewusst ausgeführte Tätigkeit

(vergleiche: *Vorgangs-, Zustandsverb*)

arbeiten, lesen, rennen

Hauptsatz Satz, der alleine stehen kann

Der Junge lacht.

Hilfsverb die Verben *haben*, *sein*, *werden* bei der Bildung von zusammengesetzten Zeiten und Passiv
(vergleiche: *Vollverb*)

er hat gelacht, er ist gerannt, wir werden gehen

hinweisendes Fürwort → *Personalpronomen*, *Demonstrativpronomen*

Höchststufe → *Superlativ*

Höflichkeitsform Form, die man beim Siezen von Personen benötigt

Wie heißen Sie?
Wie geht es Ihnen?

Höherstufe → *Komparativ*

Imperativ *Befehlsform, Aufforderung*; möglich für *du, ihr, Sie, wir*

Warte!, Lauft!, Bleiben Sie!, Gehen wir!

Imperfekt → *Präteritum*

Indikativ normale Form von Verben in den verschiedenen Zeitformen; dient zur Darlegung von Tatsachen
(vergleiche: *Konjunktiv*)

er geht, er ging,
er ist gegangen

indirekte Frage in einen Aussagesatz als Nebensatz eingebaute Frage, wird mit *ob* bzw. dem Fragewort eingeleitet

Er fragt, ob du tanzen willst./Sie möchte wissen, wie du heißt.

indirekte Rede sinngemäße Wiedergabe einer Aussage (nicht im originalen Wortlaut), das Verb steht meist im Konjunktiv, gelegentlich müssen Ort- und Zeitangaben geändert werden
(vergleiche: *direkte Rede*)

Er sagte, er gehe jeden Tag joggen.

indirektes Objekt *Dativobjekt*; wird in Verbindung mit bestimmten Verben verwendet

in Sätzen mit mehreren Objekten ist das indirekte Objekt in der Regel eine Person, für welche die Handlung bestimmt ist

typische Frage: Wem/Was?

Ich gebe dem Bruder einen Apfel.

Infinitiv, infinites Verb ungebeugtes Verb, Grundform des Verbs

gehen, sein, haben

Infinitivkonjunktion verbindet Satzteile mit einer Infinitivkonstruktion

ohne zu, statt zu, um zu

Infinitivsatz Nebensatz mit dem Infinitiv mit zu

Es freut mich, Sie kennenzulernen.

Interrogativadverb *Frageadverb*; wird zur Frage nach anderen Adverb-Typen genutzt

(vergleiche: *Adverb*)

wo, wohin, wann, warum, weshalb, wie

Wo wohnst du?

Interrogativpronomen *Fragepronomen*; wird zur Frage nach Subjekt oder Objekt verwendet, ersetzt im Fragesatz das zu erfragende Nomen

wer, was, wem, wen, wessen

Wer hat das gesagt?

intransitives Verb Verb, das in einem Satz ohne Akkusativobjekt verwendet wird

lachen
Er lacht.

Kasus *Fall*; Überbegriff für Nominativ, Genitiv, Dativ, Akkusativ

der Mann, des Mannes, dem Mann, den Mann

kausal Angabe des Grundes

typische Frage: Warum/Weshalb/Wieso/Aus welchem Grund?

Kausaladverb kennzeichnet eine Begründung

folglich, nämlich

Kausalsatz Adverbialsatz, der einen Grund ausdrückt
typische Subjunktion: da, weil

Ich fahre mit dem Auto, weil ich Angst vorm Fliegen habe.

Komparativ *Mehrstufe, Höherstufe*; wird bei Vergleichen mit *als* verwendet, an die Grundform des Adjektivs wird die Endung *er* angehängt

Er ist kleiner *als* du.
Er ist ein kleinerer Junge *als* du.

Konditionalsatz *Bedingungssatz, Wenn-Satz*; Adverbialsatz, der eine Bedingung ausdrückt
typische Subjunktion: falls, wenn

Wenn es regnet, bleiben wir zu Hause.

Konjugation, konjugieren Beugung von Verben

ich gehe, du gehst, …

Konjunktion dient zum Aneinanderreihen von Hauptsätzen
Satzbau: Konjunktion + Subjekt + finites Verb + …
(vergleiche: *Subjunktion, Infinitivkonjunktion, Konjunktionaladverb, Satzteilkonjunktion*)

aber, und, oder, sondern

Konjunktionaladverb Adverb, das zwei Teilsätze verbindet, indem es eine Beziehung zwischen Sachverhalten darstellt
Satzbau: Konjunktion + finites Verb + Subjekt + …

also, darum, trotzdem

Konjunktionalsatz mit einer Subjunktion (untergeordnete Konjunktion) eingeleiteter Nebensatz

Er kann nicht kommen, weil er krank ist.

Konjunktiv besondere Form der Verben, dient zum Ausdrücken von Wünschen oder Bitten, Konditionalsätzen und der indirekten Rede

er gehe, er ginge, er sei gegangen

Konjunktiv I Konjunktivform, die bei festen Wendungen und bei der indirekten Rede verwendet wird

Dein Wille geschehe.
Man sagt, er sei reich.

Konjunktiv II Konjunktivform, die bei Wünschen, irrealen Konditionalsätzen, vorsichtigen Anfragen und Aussagen verwendet wird

Ausweichform bei der indirekten Rede, wenn Konjunktiv I mit dem Indikativ übereinstimmt

Er wünschte, er hätte Zeit.

Das wäre toll.

Konsekutivsatz Adverbialsatz, der eine Folge ausdrückt

typische Subjunktion: dass, sodass

Der Hund bellte so laut, dass alle Nachbarn wach wurden.

Konsonant *Mitlaut*; Buchstabe, bei denen bei der Aussprache ein weiterer Laut mitgesprochen wird

(vergleiche: *Vokal*)

b, c, d, f, g, h, j, k, l, m, n, p, q, r, s, t, v, w, x, y, z

Konzessivsatz Adverbialsatz, der einen erfolglosen Gegengrund für die Handlung im Hauptsatz ausdrückt

typische Subjunktion: obwohl

Obwohl sie keine Lust hatte, ging sie mit ihren Eltern spazieren.

Leideform → *Passiv*

lokal Angabe des Ortes

typische Frage: Wo/Wohin/Woher?

Lokaladverb Adverb des Ortes

typische Frage: Wo/Wohin/Woher?

da, hierher, links, oben, weg

Lokalsatz Adverbialsatz anstelle einer Ortsangabe

typische Subjunktion: wo, woher, wohin

Wo er wohnt, ist es sehr schön.

männlich → *maskulin*

maskulin, Maskulinum *männlich*; grammatisches Geschlecht von Artikeln, Nomen und Pronomen

der Baum, er

Mehrstufe → *Komparativ*

Mehrzahl → *Plural*

Meiststufe → *Superlativ*

modal Angabe der Art und Weise
typische Frage: Wie?

Modaladverb Adverb der Art und Weise
typische Frage: Wie?

anders, äußerst, folgendermaßen

Modalsatz Adverbialsatz, der eine Art und Weise ausdrückt
typische Subjunktion: indem

In Deutschland begrüßt man sich, indem man sich die Hand reicht.

Modalverb Verb, das den Inhalt eines anderen Verbs beeinflusst und z. B. Fähigkeit, Wunsch oder Zwang ausdrückt
Modalverben sind: dürfen, können, möchten, mögen, müssen, sollen, wollen

ich kann lesen
er will schlafen
wir müssen lernen

Nachsilbe → *Suffix*

Nebensatz *untergeordneter Satz*; Teilsatz, der in dieser Form kein eigenständiger Satz ist, sondern in Verbindung mit einem Hauptsatz verwendet werden muss

Der Junge lacht, weil er fröhlich ist.

neutral, Neutrum *sächlich*; grammatisches Geschlecht von Artikeln, Nomen und Pronomen

das Geld, es

nicht trennbares Verb durch Präfix erweiterbares Verb, das in der finiten Verbform vom Präfix nicht trennbar ist

(vergleiche: *trennbares Verb*)

ich bestehe
ich habe bestanden

Nomen *Substantiv, Dingwort, Hauptwort, Namenwort*; deklinierbares und oft mit Artikel versehenes Wort zur Bezeichnung von Dingen, Lebewesen und Abstrakta

Haus, Mond, Luft, Leute

Nominativ *1. Fall, Wer-Fall*; einer der vier Fälle bei der Deklination von Artikeln, Nomen, Pronomen und Adjektiven

typische Frage: Wer/Was ...?

der große Junge

Numerus *Zahl*; Überbegriff zu Singular/Plural (= Einzahl/Mehrzahl)

der Hund – die Hunde
ich gehe – wir gehen

Objekt *Satzergänzung;* Nomen (oft inklusive Artikel und Adjektiv) oder Pronomen, das nicht Subjekt des Satzes ist, sondern in Verbindung mit bestimmten Verben im Genitiv, Dativ oder Akkusativ steht

Ich gebe <u>dem Jungen</u> <u>einen großen Apfel</u>.

Der Kandidat enthielt sich <u>der Stimme</u>.

Objektsatz Nebensatz anstelle eines Objekts

typische Frage: Wen/Wem/Was/Wessen?

Ich verstehe, <u>was er meint</u>.

Partizip I *1. Partizip, Partizip Präsens, Präsenspartizip, Mittelwort der Gegenwart*; Verbform, bei der an den Infinitiv der Buchstabe „d“ angehängt wird

Das Partizip I wird hauptsächlich zur Bildung von Adjektiven und anstelle von Teilsätzen verwendet.

schlafend, lesend

das <u>fahrende</u> Auto
<u>Pfeifend</u> ging er davon.

Partizip II *2. Partizip, Partizip Perfekt, Perfektpartizip, Mittelwort der Vergangenheit*; Verbform, die für die zusammengesetzten Zeitformen der Vergangenheit und für das Passiv verwendet wird

ich habe <u>gelernt</u>
ihr seid <u>gefahren</u>

Das Haus wird <u>gebaut</u>.

Partizipialsatz Nebensatz mit Partizip I oder Partizip II

Vor Vergnügen quietschend, sprang das Kind in den Pool.

Passiv, Passivsatz *Leideform;* das Subjekt ist nicht selbst aktiv tätig, sondern nimmt passiv eine Handlung hin

(vergleiche: *Vorgangspassiv, Zustandspassiv*)

Das Haus wird gebaut.

Perfekt *vollendete Gegenwart*; Zeitform für abgeschlossene Handlungen in der Vergangenheit, wobei oft die Folge der Handlung im Vordergrund steht; wird mit den Hilfsverben *haben/sein* gebildet

ich habe gelernt
er ist gefahren

Personalpronomen *hinweisendes Fürwort*; die Pronomen *ich, du,er, sie, es, wir, ihr, sie* und die deklinierten Formen *mich, mir, dich, dir* usw.

ich, du, uns, euch

Plural *Mehrzahl*; Anzahl von mehreren Dingen

Nomen, Artikel, Adjektive, Verben und Pronomen können im Plural verwendet werden

(vergleiche: *Singular*)

die Leute

Die großen Geschenke sind für uns.

Plusquamperfekt Zeitform für Handlungen, die vor einem bestimmten Zeitpunkt in der Vergangenheit stattfanden

ich hatte gelernt
er war gefahren

positive Form *Positiv, Grundstufe, einfache Form des Adjektivs*; gibt eine Eigenschaft an, wird auch für Vergleiche bei Wendungen wie *genauso ... wie* oder Ähnlichem gebraucht, bei denen das Adjektiv in der Grundform bleibt

ein kleiner Junge

Der Junge ist klein.

Er ist nicht so klein wie du.

Possessivartikel *Possessivpronomen als Begleiter*; steht vor dem Nomen und verweist auf den Besitz/die Zugehörigkeit

mein Tisch, eure Katze

Possessivpronomen *besitzanzeigendes Fürwort*; Pronomen, das einen Besitz anzeigt normalerweise als Ersatz von Nomen, oft jedoch auch zur Bezeichnung von Possessivartikeln verwendet (Possessivpronomen als Begleiter)	Mein Handy ist kaputt. Kann ich mit deinem telefonieren? (mein Tisch)
Prädikat *Satzaussage;* Verbform im Satz, kann aus einem Verb oder aus mehreren Verben bestehen, z. B. bei zusammengesetzten Zeiten, Passiv, Modalverben oder anderen Verbalkomplexen	Er lernt Deutsch. Er wird Auto fahren. Das Haus wird gebaut. Ich gehe einkaufen.
prädikatives Adjektiv bestimmt die Verben *sein*, *werden* und *bleiben* näher *typische Frage:* Wie ist/wird/bleibt jemand/etwas?	Das Wetter ist/wird/bleibt gut/schlecht.
Präfix *Vorsilbe*; vorn am Wort angesetzte Silbe zur Bildung eines anderen Wortes	erfahren, Überfall, untreu
Präposition *Verhältniswort*; stellt eine Beziehung zwischen zwei Sachverhalten dar, bestimmt den Fall des zugehörigen Nomens	Ich wohne seit einem Jahr in einem Haus außerhalb der Stadt.
Präsens *Gegenwart*; Zeitform, die für Handlungen in der Gegenwart (manchmal auch Zukunft) verwendet wird	ich lerne, er fährt
Präteritum *Vergangenheit, Imperfekt*; Zeitform, die für Handlungen in der Vergangenheit verwendet wird, hauptsächlich in der Schriftsprache	ich lernte, er fuhr
Pronomen *Fürwort*; ersetzt ein bekanntes oder zuvor genanntes Nomen und hilft so, Wiederholungen zu vermeiden Pronomen werden dekliniert und passen ihre Endungen dem Genus des Nomens an.	Er sagt, dass sie uns hilft. Mein Handy ist defekt. Kann ich deins haben?

reflexives Verb Verb, das mit einem Reflexivpronomen *(sich)* in der Bedeutung von „sich selbst" verwendet wird (vergleiche: *teilreflexives Verb, unechtes reflexives Verb, reziprokes Verb*)	sich freuen
Reflexivpronomen *rückbezügliches Fürwort (sich)*; wird in Verbindung mit reflexiven und reziproken Verben verwendet	ich freue mich
Relativpronomen Pronomen, das einen Relativsatz einleitet	der Mann, der dort steht
Relativsatz mit einem Relativpronomen eingeleiteter Teilsatz, mit dem das letzte Nomen aus dem vorangestellten Teilsatz näher beschrieben wird	Das ist der Mann, den ich gesehen habe.
reziprokes Verb verwendet das Reflexivpronomen mit der Bedeutung „einander"	Wir sehen uns am Kino.
rückbezügliches Fürwort → *Reflexivpronomen*	
sächlich → *neutral*	
Satzteilkonjunktion dient dazu, ein Adjektiv in den Satz einzubinden, mit dem ein Vergleich dargestellt wird	so groß wie du schneller als ich desto/umso besser
schwaches Verb regelmäßig konjugiertes Verb, das Partizip II wird mit *ge...t* gebildet (vergleiche: *gemischtes Verb, starkes Verb*)	lernen lernte gelernt
Silbe Bestandteil eines Wortes, der mit einem Laut ausgesprochen wird und an dem eine Worttrennung vorgenommen werden kann	Au-to-mo-bil

Singular *Einzahl*; drückt eine einzelne Sache aus
Nomen, Artikel, Adjektive, Verben und Pronomen können im Singular verwendet werden
(vergleiche: *Plural*)

der Tisch
Das große Geschenk ist für mich.

starkes Verb Verb mit unregelmäßiger Vergangenheitsform, das Partizip II wird mit *ge...en* gebildet, oft findet auch im Präsens ein Vokalwechsel statt
(vergleiche: *gemischtes Verb, schwaches Verb*)

fahren
fuhr
gefahren
ich fahre, du fährst

Steigerungsform Vergleichsform von Adjektiven

klein – kleiner – am kleinsten

Subjekt *Satzgegenstand;* im Nominativ verwendetes Nomen (oft inklusive Artikel und Adjektiv) oder Pronomen, führt in Aktivsätzen eine Handlung aus

Der alte Mann steht an der Ecke.
Ich fahre Rad.

Subjektsatz Nebensatz anstelle eines Subjekts
typische Frage: Wer/Was?

Es ist schade, dass du schon gehen musst.

Subjunktion *untergeordnete Konjunktion, Teilsatzkonjunktion*; verbindet Sätze, wobei der mit einer Subjunktion eingeleitete Teilsatz ein Nebensatz ist
Satzbau: Konjunktion + Subjekt + ... + finites Verb

als, da, nachdem, seit

Substantiv → *Nomen*

Suffix *Nachsilbe;* am Wortende angehängte Silbe zur Bildung eines neuen Wortes

herzlich, Freundschaft, telefonieren

Superlativ *Meiststufe, Höchststufe;* wird bei Vergleichen verwendet, bei denen gezeigt werden soll, was den höchsten Grad einer Eigenschaft hat

Er ist am kleinsten.
Er ist der kleinste Junge.

teilreflexives Verb Verb, das als normales und als reflexives Verb auftreten kann, wobei die Bedeutung verschieden ist

sich/jemanden ärgern

temporal Angabe der Zeit

typische Frage: Wann/Wie lange/Wie oft/Bis wann/Seit wann?

Temporaladverb Adverb der Zeit

typische Frage: Wann/Wie lange/Wie oft/Bis wann/Seit wann?

dienstags, einst, gestern, jetzt, oft, sofort

Temporalsatz Adverbialsatz anstelle einer Zeitangabe

typische Subjunktion: bevor, nachdem, seit

Seit ich einen Hund habe, gehe ich viel spazieren.

transitives Verb Verb, das im Satz mit einem Akkusativobjekt verwendet wird und das Passiv bilden kann

Er beantwortet die Frage. – Die Frage wird beantwortet.

trennbares Verb durch Präfix erweiterbares Verb, das in der finiten Verbform vom Präfix trennbar ist

(vergleiche: *nicht trennbares Verb*)

anstehen
ich stehe an
ich habe angestanden

Umlaut die Buchstaben ä, ö und ü

ä, ö, ü

Umstandswort → *Adverb*

unbestimmter Artikel Artikel, der sich auf ein nicht näher bestimmtes Nomen bezieht

ein, eine
ein Tisch, eine Katze

unechtes reflexives Verb Verb, das mit der gleichen Bedeutung als normales und als reflexives Verb verwendet werden kann

Ich kaufe (mir) ein Eis.

Verb *Tun-Wort, Tätigkeitswort, Zeitwort*; Wort, das eine Tätigkeit, einen Vorgang oder einen Zustand ausdrückt

wird konjugiert und in verschiedenen Zeiten verwendet

lernen, fahren

Verbalkomplex Prädikat, das aus mehreren Verben besteht z. B. bei mehrteiligen Verben (einkaufen gehen), zusammengesetzten Zeiten, Passiv und Modalverben

Wir gehen einkaufen.
Er hat geschlafen.
Wir wollen uns einen Film ansehen.

Vergangenheit → *Präteritum*

Vergleichsform → *Steigerungsform*

Verhältniswort → *Präposition*

Vokal *Selbstlaut*; Buchstabe, der bei der Aussprache ohne einen mitklingenden Laut gesprochen wird

(vergleiche: *Konsonant*)

a, e, i, o, u, ä, ö, ü

Vollverb Verb, das eine Tätigkeit, einen Vorgang oder einen Zustand ausdrückt

(vergleiche: *Hilfsverb*)

Wir haben gearbeitet.
Es hat geschneit.
Sie hat hier gewohnt.

Vorgangspassiv Passivform, die eine Handlung betont

(vergleiche: *Zustandspassiv*)

Das Haus wurde gebaut.

Vorgangsverb beschreibt einen Ablauf, der nicht bewusst von jemandem ausgeführt wird

(vergleiche: *Handlungs-, Zustandsverb*)

schlafen, schneien, wachsen

Vorsilbe → *Präfix*

Vorvergangenheit → *Plusquamperfekt*

weiblich → *feminin*

Wortstamm Hauptbestandteil eines Wortes, nachdem alle Endungen und Vorsilben entfernt wurden

Durch Anhängen verschiedener Silben an den Wortstamm werden Verben konjugiert, Nomen dekliniert, Adjektive gesteigert usw.

laufen, gesagt
des Flusses
am lautesten

würde-Form *Konjunktiversatz*; Verwendung von würde und Vollverb anstelle des Konjunktivs

ich würde gehen

Zustandspassiv Passivform, die einen Zustand nach abgeschlossener Handlung beschreibt

(vergleiche: *Vorgangspassiv*)

Das Haus ist gebaut.

Zustandsverb Verb, das einen Zustand beschreibt

(vergleiche: *Handlungs-, Vorgangsverb*)

besitzen, wohnen

Stichwortverzeichnis

E

F

G

H

I

J

K

L

M

R

S

T

U